Yves Prigent

Plus loin et plus haut avec Dieu

Yves Prigent

Plus loin et plus haut avec Dieu

Les trois visages & L'ascension du pèlerin

Éditions Croix du Salut

Impressum / Mentions légales
Bibliografische Information der Deutschen Nationalbibliothek: Die Deutsche Nationalbibliothek verzeichnet diese Publikation in der Deutschen Nationalbibliografie; detaillierte bibliografische Daten sind im Internet über http://dnb.d-nb.de abrufbar.
Alle in diesem Buch genannten Marken und Produktnamen unterliegen warenzeichen-, marken- oder patentrechtlichem Schutz bzw. sind Warenzeichen oder eingetragene Warenzeichen der jeweiligen Inhaber. Die Wiedergabe von Marken, Produktnamen, Gebrauchsnamen, Handelsnamen, Warenbezeichnungen u.s.w. in diesem Werk berechtigt auch ohne besondere Kennzeichnung nicht zu der Annahme, dass solche Namen im Sinne der Warenzeichen- und Markenschutzgesetzgebung als frei zu betrachten wären und daher von jedermann benutzt werden dürften.

Information bibliographique publiée par la Deutsche Nationalbibliothek: La Deutsche Nationalbibliothek inscrit cette publication à la Deutsche Nationalbibliografie; des données bibliographiques détaillées sont disponibles sur internet à l'adresse http://dnb.d-nb.de.
Toutes marques et noms de produits mentionnés dans ce livre demeurent sous la protection des marques, des marques déposées et des brevets, et sont des marques ou des marques déposées de leurs détenteurs respectifs. L'utilisation des marques, noms de produits, noms communs, noms commerciaux, descriptions de produits, etc, même sans qu'ils soient mentionnés de façon particulière dans ce livre ne signifie en aucune façon que ces noms peuvent être utilisés sans restriction à l'égard de la législation pour la protection des marques et des marques déposées et pourraient donc être utilisés par quiconque.

Coverbild / Photo de couverture: www.ingimage.com

Verlag / Editeur:
Éditions Croix du Salut
ist ein Imprint der / est une marque déposée de
OmniScriptum GmbH & Co. KG
Heinrich-Böcking-Str. 6-8, 66121 Saarbrücken, Deutschland / Allemagne
Email: info@editions-croix.com

Herstellung: siehe letzte Seite /
Impression: voir la dernière page
ISBN: 978-3-8416-9932-9

Copyright / Droit d'auteur © 2015 OmniScriptum GmbH & Co. KG
Alle Rechte vorbehalten. / Tous droits réservés. Saarbrücken 2015

CROIX DU SALUT

Plus loin et plus haut avec Dieu

1) Les trois visages

2) L'ascension du pèlerin

Yves Prigent

Partage

Et

Réflexions Bibliques

1) Les trois visages

Esaü

Jacob

Israël

(Références bibliques de la Bible, version revue en 1975 de Louis Segond)

Avant-propos

Les trois visages de ces hommes nous introduisent dans une connaissance du cœur humain.

De celui qui néglige, repousse les promesses de Dieu, sans se soucier des conséquences de ce choix.
Ce visage nous le côtoyons chaque jour, au travail, près de chez nous, et nous-mêmes en nous regardant dans le miroir, nous l'apercevons parfois. Il vient, disparaît, réapparaît, jusqu'à nous placer en difficultés sur le plan spirituel. Nous devons le combattre, le chasser, le pourchasser : C'est le premier visage, c'est le visage d'Esaü !

Le second visage, est en recherche du spirituel, il le désire, et parfois il se mélange avec le premier, qu'il combat pourtant mais qui lui résiste, jusqu'à prendre l'autorité sur son désir de plaire à Dieu. Il est calculateur, et tous les moyens sont utilisés pour arriver à ses fins : C'est le visage de Jacob !

Le troisième se laisse conduire, respecte le plan de Dieu pour sa vie, reçoit la Parole avec intérêt ; et quand à toutes ses décisions, il les prend, avec l'inspiration que lui donne le Saint-Esprit. Il ne s'arrête pas en chemin, ne se laisse pas influencer par les évènements, mais par la foi, car celle-ci est agissante en lui, il avance d'un pas sûr : C'est le visage d'Israël ! Celui qui est allé « *Plus loin et plus haut avec Dieu.* »

Ces trois visages, nous allons les observer, et nous regarder, pour s'assurer, que nous ressemblons au troisième visage, même si les deux autres reviennent nous inviter, et ne sont jamais très éloignés de nous, et que trop souvent encore nous les portons.
« *Car, si quelqu'un écoute la parole et ne la met pas en pratique, il est semblable à un homme qui regarde dans un miroir son visage naturel, et qui, après s'être regardé, s'en va, et oublie aussitôt comment il était.* »
(Jacques 1 v 23 et 24)

Remerciements

A mon épouse pour ses encouragements, son soutien et ses conseils

A Sylvain mon fils pour la biographie.

Et à Valérie Moreau des Editions Croix du Salut

pour sa patience et sa disponibilité

« Conduis-moi sur le rocher que je ne puis atteindre ! »

Psaumes 61 v 3

1

Deux naissances

Lecture : Genèse 25 versets 19 à 34

1) *Que fait ressortir **le verset 22**, et quelle application pour nos vies ?*

«Les enfants se heurtaient dans son sein…»

Nous avons ici l'image d'un combat constant en nous-mêmes : Le combat de la chair contre l'Esprit.
L'apôtre Paul en parle quand il reprend les **(Galates 5 v 16 à 18) :**
« Je dis donc : Marchez selon l'Esprit, et vous n'accomplirez pas les désirs de la chair. Car la chair a des désirs contraires à ceux de L'Esprit, et l'Esprit en a des contraires à ceux de la chair ; <u>ils sont opposés entre eux</u>, afin que vous ne fassiez point ce que vous voudriez. »

2) *Comment devons-nous interpréter et vivre les paroles de l'Eternel, au **verset 23** ?*

«Deux nations sont dans ton ventre, et deux peuples se sépareront au sortir de tes entrailles ; un de ces peuples sera plus fort que l'autre, et le plus grand sera assujetti au plus petit… »

Le premier, celui qui se présente comme le plus grand c'est « la chair » et le second c'est « l'Esprit », mais il faut que le premier soit assujetti au second, comme nous le révèle l'Ecriture.
Nous y voyons deux naissances : La première est charnelle, celle d'Esaü, la seconde est spirituelle, Jacob, qui trouvera toute sa dimension en Israël.
« Jésus répondit : En vérité, en vérité, je te le dis, si un homme ne naît d'eau et d'Esprit, il ne peut entrer dans le royaume de Dieu. Ce qui est né de la chair est chair, et ce qui est né de l'Esprit est esprit. Ne t'étonne pas que je t'aie dit : Il faut que vous naissiez de nouveau. » **(Jean 3 v 5 à 7)**
Ce combat est donc à livrer, même après la conversion, comme l'explique l'apôtre Paul aux Corinthiens.

(1 Corinthiens 9 v 27) : «*Mais je traite durement mon corps et je le tiens assujetti, de peur d'être moi-même désapprouvé après avoir prêché aux autres.* »

3) **Le verset 27** présente Esaü et Jacob ; quelle interprétation spirituelle pour nous ?

« Ces enfants grandirent. Esaü devint un habile chasseur, un homme des champs ; mais Jacob fut un homme tranquille, qui restait sous les tentes. »

Deux portraits très différents : L'un, homme des champs, celui qui recherche l'extérieur, les sensations, les émotions ; et l'autre, la tranquillité, le repos : L'homme, de l'intérieur.

Ainsi notre comportement rend témoignage si nous marchons selon la chair ou selon l'Esprit.

4) *Quels autres exemples trouvons-nous dans la Bible ?*

Caïn et Abel (Genèse 4 v1) « *Adam connut Eve, sa femme ; elle conçut, et enfanta Caïn, et elle dit : J'ai acquis un homme de par l'Eternel. Elle enfanta encore son frère Abel. Abel fut berger, et Caïn fut laboureur.*
Au bout de quelque temps, Caïn fit une offrande des fruits de la terre ; et Abel, de son côté, en fit une des premiers-nés de son troupeau et de leur graisse.
L'Eternel porta un regard favorable sur Abel et sur son offrande ; mais il ne porta pas un regard favorable sur Caïn et sur son offrande. »

La suite nous révèle le vrai visage de **Caïn** qui tua son frère **Abel. (v 9)**
Ne laissons pas le (**Caïn**) qui est en nous, par notre vieille nature, tuer l'homme spirituel (**l'Abel**)

Lot et Abram (plus tard ce sera **Abraham**)
Deux regards différents : Le regard de **Lot** dirigé vers les plaines de Sodome et Gomorrhe
(Genèse 13 v10) : « *Lot leva les yeux, et vit toute la plaine du Jourdain, qui était entièrement arrosée... Comme un jardin de l'Eternel,...* »
Un regard subjugué par cette étendue, un regard de convoitise.

Celui d'Abram est orienté par Dieu, ce regard se transforme en vision, après la séparation d'avec Lot.

(Genèse 13 v 14) : « *L'Eternel dit à Abram, après que Lot se fut séparé de lui : Lève les yeux, et, du lieu où tu es, regarde vers le nord et le midi, vers l'orient et l'occident ; car le pays que tu vois, je le donnerai à toi et à ta postérité pour toujours.* »

Nous pouvons nous poser cette question : « Dis-moi ce que tu regardes, et je te dirai qui tu es. » Car si celui-ci s'attarde sur ce monde, alors attention danger !

Cette séparation est née d'une querelle entre les bergers d'Abram, et ceux de Lot.

Nous pouvons y voir cette incompatibilité qui est réelle entre la chair et l'Esprit, et que la cohabitation est impossible.

Ismaël et Isaac

Et c'est encore Paul qui exhortant les Galates à marcher selon l'Esprit et non selon la chair, prendra ces deux noms comme des exemples.

(Galates 4 v 28) : « *Pour vous, frères, comme Isaac, vous êtes enfants de la promesse ; et de même qu'alors celui qui était né selon la chair persécutait celui qui était né selon l'Esprit, ainsi en est-il encore maintenant. Mais que dit l'Ecriture ? Chasse l'esclave et son fils, car le fils de l'esclave n'héritera pas avec le fils de la femme libre. C'est pourquoi, frères, nous ne sommes pas enfants de l'esclave, mais de la femme libre.* »

Enfant de Dieu ! Tu es fils de la promesse ! Ne deviens pas esclave de ce monde, ni de ses principes. Christ t'a affranchi pour la liberté. **(Galates 5 v 1)**

Le premier Adam et le second Adam

« *Le premier homme, Adam, devint une âme vivante. Le dernier Adam est devenu un esprit vivifiant. Mais ce qui est spirituel n'est pas le premier, c'est ce qui est naturel ; ce qui est spirituel vient ensuite. Le premier homme, tiré de la terre, est terrestre ; le second homme est du ciel.* »
(1Corinthiens 15 v 45 à 47).

Le premier Adam fut incapable de repousser les paroles de l'adversaire au jardin d'Eden, et c'est ainsi que le péché entra dans le monde.

Le second Adam lui résista sur la base de la Parole de Dieu, et le repoussa par des affirmations : « *Il est écrit* » et « *Il est aussi écrit* »
(Mathieu 4 v 4 et 7).

Nous sommes les héritiers du second Adam par notre conversion et notre appartenance à Christ.

Ainsi nous pouvons résister à l'adversaire, par la Parole de Dieu. Il est de notre devoir de revendiquer cette appartenance, et de vivre sur les traces du second Adam.

5) *Que dire du comportement d'Isaac et de Rachel ?*

(Genèse 25 v 28) : « *Isaac aimait Esaü, parce qu'il mangeait du gibier ; et Rébecca aimait Jacob.* »

L'attitude d'Esaü met en évidence une vérité que nous expérimentons hélas trop souvent : La chair sait s'y prendre pour être appréciée et se faire aimer.

Le comportement de Rébecca est en relation avec sa prière et par la réponse que lui fait l'Eternel.

(Genèse 25 v 22) : « *Elle alla consulter l'Eternel. Et l'Eternel lui dit...* »

Seule une étroite relation avec Dieu nous donnera assez de lucidité pour éviter de nous laisser charmer par la chair, mais de discerner ce qui vient d'en haut et ce qui est de la terre.

Nous pouvons également remarquer qu'il est important d'avoir la même vision dans un couple, et de partager les mêmes valeurs spirituelles.

6) *Comment expliquer le comportement d'Esaü,*
*Par le contenu des **versets 29 à 34** ?*

« *Comme Jacob faisait cuire un potage, Esaü revint des champs, accablé de fatigue. Et Esaü dit à Jacob : Laisse-moi, je te prie, manger de ce roux-là, car je suis fatigué. C'est pour cela qu'on a donné à Esaü le nom d'Edom. Jacob dit : vends-moi aujourd'hui ton droit d'aînesse. Esaü répondit : Voici je m'en vais mourir ; à quoi me sert ce droit d'aînesse ? Et Jacob dit : Jure-le-moi d'abord. Il le lui jura, et il vendit son droit d'aînesse à Jacob...C'est ainsi qu'Esaü méprisa le droit d'aînesse.* »

Pour Esaü son bien être physique était sa préoccupation première, et quand à son droit d'aînesse, il n'a même pas réalisé ce qu'il perdait ; l'autorité, le rang, la situation et les prérogatives de son père. Il perdait par la même occasion cette portion double des biens paternels.

Jacob savait tout cela, et c'est ainsi qu'il lui a volé ce droit, même si la méthode employée est éloignée de la pensée évangélique ; mais nous avons là une image qui met en évidence une vérité pour nos propres vies avec Dieu : La chair ne peut pas concevoir les dimensions spirituelles, nous devons ainsi lui ravir ce droit, afin que l'Esaü qui sommeille en nous, le « moi » soit privé d'autorité, et que le Jacob se saisisse des privilèges divins pour aller de l'avant, à la rencontre d'Israël.

7) *En résumé, que représente ces trois noms :* **Esaü, Jacob et Israël ?**

Esaü c'est l'homme naturel, charnel, loin de la vision céleste, qui méprise les droits divins, qui ne soucie pas des choses spirituelles, mais qui dépense toute son énergie pour les choses de la terre.

Jacob lui, recherche les biens d'en haut, il est demandeur, seulement ses attitudes et ses comportements témoignent qu'il combat avec les moyens humains. Mais il est en route vers une autre dimension, vers Israël qui deviendra son nom, un peuple, un héritage, une force et une place au milieu des nations.

Esaü cherche encore à se positionner dans nos vies, à faire prévaloir ses droits, mais nous devons lui résister et lui enlever son autorité comme nous l'avons signalé plus haut.

Jacob aussi est parfois notre portrait, par le désir que nous avons de servir le Seigneur, mais par des méthodes souvent humaines et inadaptées pour l'œuvre du Seigneur.

Alors comme Jacob, cheminons avec lui à travers son histoire, et tendons vers ce qui est spirituel, toujours davantage : Allons « *Plus loin avec Dieu* », marchons à la rencontre d'Israël, tout en gardant un regard sur Esaü.

« *Mais toi Israël mon serviteur, Jacob que j'ai choisi,… »* **(Esaïe 41 v 8)**

Jacob fut choisi, mais c'est Israël le serviteur du Seigneur.

Dieu nous a choisis, pour nous transformer en serviteur.

« *L'aîné sera assujetti au plus jeune, selon qu'il est écrit : J'ai aimé Jacob et j'ai haï Esaü.* » **(Romains 9 v 12 et 13)**

Les deux hommes

Ils sont amis ou ennemis,
Et très souvent en désaccord
Se partageant la même vie
Mais qui des deux est le plus fort ?

Chacun revendique ses droits,
Persuadé d'avoir raison
Il se présente comme le roi,
Annulant toutes discussions.

Si le premier il est charnel,
Se laissant bien vite emporté
Le second est spirituel,
Cherchant toujours à négocier.

Et ces deux hommes sont en moi,
Voici la source du conflit !
Quand l'un me parle de la foi,
Voilà que l'autre réagit.

Mais aujourd'hui j'ai décidé,
Que l'un des deux sera le maître
Car j'ai appris par les années
Combien l'autre n'est qu'un traître.

Toi mon premier reste tranquille,
Sois à l'écoute du second
Même si les temps sont difficiles,
De lui les meilleures suggestions.

Lecture : Romains 7 v 22 :

Car je prends plaisir à la loi de Dieu, selon l'homme intérieur ; mais je vois dans mes membres une autre loi...

2

Deux combats

Lecture : Le Prophète Abdias

Le livre d'Abdias nous présente ces deux lignées : Edom, littéralement « roux », nom donné à Esaü, et Jacob son frère. Ce livre nous instruit sur ce combat les opposant, avec les conséquences qui en découlent.

1) *Que nous enseigne **le verset 1** ?*

« Ainsi parle le Seigneur, l'Eternel, sur Edom : Nous avons appris une nouvelle de la part de l'Eternel, et un messager a été envoyé parmi les nations : Levez-vous, marchons contre Edom pour lui faire la guerre ! »

C'est bien là notre combat à mener contre la chair et ses agissements, sinon, nous serons dominés par elle.
Un serviteur de Dieu racontait cette anecdote pour parler de la chair et de l'Esprit :
Un homme possédait deux chiens, un chien noir et un chien blanc.
Le chien noir dominait le blanc par son agressivité, et un jour cet homme en parla à un ami ; celui-ci lui demanda : « Lequel des deux chiens nourrissez-vous le plus ? ». - Nourrissez davantage le blanc si vous voulez qu'il se défende et ne soit plus dominé par le noir, et nourrissez moins le noir. »
Il en est ainsi de notre vie, arrêtons de nourrir la chair et elle s'affaiblira ; mais nourrissons davantage notre vie spirituelle et elle deviendra assez forte pour repousser les avances de la chair.

2) *Comment interpréter **le verset 2** ?*

« Voici je te rendrai petit parmi les nations, tu seras l'objet du plus grand mépris ».

La chair ne nous élève pas, bien au contraire elle nous rabaisse, et ne nous permet pas d'accéder à une position d'autorité.

3) *Que nous montrent **les versets 3 et 4**, et quels enseignements pour nous ?*

« L'orgueil de ton cœur t'a égaré, toi qui habites le creux des rochers, qui t'assieds sur les hauteurs, et qui dis en toi-même : Qui me précipitera jusqu'à terre ?
Quand tu placerais ton nid aussi haut que celui de l'aigle, quand tu le placerais parmi les étoiles, je t'en précipiterai, dit le Seigneur. »

C'est bien les caractéristiques de l'homme charnel : *« L'orgueil de son cœur »* Et cet orgueil ne vient pas de Dieu comme nous le rappelle **(1 Jean 2 v 16)** : *« La convoitise de la chair, la convoitise de yeux, et l'orgueil de la vie, ne vient point du Père, mais vient du monde. Et le monde passe et sa convoitise aussi ; mais celui qui fait la volonté de Dieu demeure éternellement. »*

4) *Les versets 6 et 7 mettent en évidence la faiblesse d'Esaü : Et pour nous ?*

« Ah ! Comme Esaü est fouillé ! Comme ses trésors sont découverts ! Tous tes alliés t'ont chassé jusqu'à la frontière, tes amis t'ont joué, t'ont dominé, ceux qui mangeaient ton pain t'ont dressé des pièges, et tu n'as pas su t'en apercevoir ! »

La position de l'homme charnel se caractérise par la faiblesse, et par l'incapacité à s'imposer. Nous constatons que les alliés de la chair ne sont d'aucun secours, au contraire, ils deviennent les ennemis, comme par exemple « le raisonnement humain ». C'est ainsi dans le monde, car c'est l'esprit du monde. L'homme charnel manque de discernement, et succombe devant les pièges de l'adversaire : *« Tu n'as pas su t'en apercevoir »*
Voici ce que déclare Paul : *« Si notre Evangile est encore voilé, il est voilé pour ceux qui périssent, pour les incrédules dont le dieu de ce siècle a aveuglé l'intelligence, afin qu'ils ne voient pas briller la splendeur de l'Evangile de la gloire de Christ, qui est l'image de Dieu. »* **(2 Corinthiens 4 v 3 et 4)**

5) *Que penser du* **verset 8** *?*

« N'est ce pas en ce jour, dit l'Eternel, que je ferai disparaître d'Edom les sages et de la montagne d'Esaü l'intelligence ? »

La sagesse et l'intelligence humaine ne sont pas les critères retenus par Dieu pour son œuvre, nous ne pouvons pas prétendre œuvrer pour lui, en nous appuyant sur notre propre sagesse, ni sur notre intelligence.

Ainsi nous devons faire la guerre à Esaü, à la chair, pour que disparaisse toute forme de sagesse humaine, et que nous recherchions la sagesse d'en haut.

6) *Que nous rappelle **le verset 10** ?*

« A cause de ta violence contre ton frère Jacob, tu seras couvert de honte, et tu seras exterminé pour toujours. »

Ce verset met en évidence les menaces de la chair contre l'Esprit, l'homme charnel agresse l'homme spirituel, il doit être exterminé !
Paul en parle en s'adressant à l'Eglise de Rome, quand il fait part de son propre combat, pour vivre selon la loi divine : *« Car je prends plaisir à la loi de Dieu, selon l'homme intérieur ; mais je vois dans mes membres une autre loi qui lutte contre la loi de mon entendement, et qui me rend captif de la loi du péché qui est dans mes membres. Misérable que je suis ! Qui me délivrera de ce corps de mort ?...*
Grâces soient rendues à Dieu par Jésus-Christ notre Seigneur !... »
(Romains 7 v 23 à 25)

7) *Quels sont les encouragements à retirer du **verset 17** ?*

« Mais le salut sera sur la montagne de Sion, elle sera sainte, et la maison de Jacob reprendra ses possessions. »

Par la conversion, notre âme est appelée à reprendre ses possessions spirituelles que le péché nous avait privés.
Mais aussi, quand nous nous sommes éloignés de la présence de Dieu, en perdant notre joie ou notre paix, nous pouvons rependre nos possessions, en revenant tout près de Dieu.
«... Jacob reviendra, il jouira du repos et de la tranquillité, il n'y aura personne pour le troubler. » **(Jérémie 46 v 27)**

8) *Quelle leçon nous apporte le **verset 18** ?*

« La maison de Jacob sera un feu, et la maison de Joseph une flamme ; mais la maison d'Esaü sera du chaume, qu'elles allumeront et consumeront ; et il ne restera rien de la maison d'Esaü, car l'Eternel a parlé. »

Ce feu, et cette flamme cités dans ce verset, nous parlent de la puissance du Saint-Esprit, que le Seigneur Jésus avait annoncée comme une promesse, qu'il fallait attendre et qui était, et qui est toujours indispensable pour triompher, et consumer les prétentions de la chair.

Que reste-t-il encore de la chair en nous, qui nous paralyse, et nous empêche de remplir notre mission d'ambassadeurs pour Christ ?
Que notre chair et notre « moi » deviennent du chaume, que le Saint Esprit consumera.

Que nos œuvres par contre ne soient pas du chaume, nous qui sommes ouvriers avec Dieu, car l'Ecriture nous enseigne que l'œuvre de chacun sera révélée par le feu. **(1 Corinthiens 3 v 12 à 15)**

> 9) Quelle conclusion s'impose à la lumière **des derniers versets** de ce livre ?
> Les **versets 19 et 20** mettent en évidence le verbe : « posséderont »

C'est ce que l'Ecriture nous enseigne ; posséder les fruits de l'Esprit, et l'apôtre Pierre dans sa seconde lettre exhorte les chrétiens : *«... à joindre à la foi la vertu, à la vertu la connaissance, à la connaissance la maîtrise de soi... »* **(2 Pierre 1 v 5 à 7)**.

Posséder ; mais il est important de garder, et ce n'est pas le plus facile ; ce verbe est très souvent rappelé par la Parole de Dieu.

Paul exhortant Timothée lui disait : *« O Timothée, garde le dépôt, en évitant les discours vains et profanes,... »* **(1 Timothée 6 v 20)**

Et dans sa seconde lettre, il le redira : *« Garde le bon dépôt, par le Saint-Esprit qui habite en nous. »* **(2 Timothée 1 v 14)**, puis en **(4 v 7)** il parlera de sa propre vie en ces mots : *« ...j'ai gardé la foi. »*

3

Deux destinées

Lecture : Genèse 27

1) *Dans ce chapitre, comment pouvons-nous expliquer, les attitudes de Rébecca, d'Isaac, et de Jacob ?*

« Il est écrit au début de ce chapitre : *« Isaac devenait vieux, et ses yeux s'étaient affaiblis au point qu'il ne voyait plus. »*

Et se sera la confusion entre la voix de Jacob qu'il pense reconnaître et l'aspect physique d'Esaü, par le toucher.

Il peut en être de même pour l'enfant de Dieu qui perd la vue spirituellement parlant, et qui n'arrive pas à discerner ce qui est de Dieu et ce qui vient de la chair. Jacob et Esaü sont confondus dans une même personne, alors qu'ils devraient être séparés bien distinctement.

Le Seigneur posera cette question à Jérémie tout au début de son ministère **(chapitre 1 v11)** : *« Que vois-tu Jérémie ? Je répondis : Je vois une branche d'amandier. Et l'Eternel me dit : Tu as bien vu ; car je veille sur ma parole pour l'exécuter. »*

Ainsi le ministère pouvait lui être confié, car il voyait ce que Dieu voyait !

Que voyons-nous ? Notre vue est-elle en parfait accord avec la vision divine ? Ou, comme Isaac, manquant de discernement, en nous égarant dans la confusion ?

Quand à Rébecca, elle connaît si bien Isaac, qu'il est facile pour elle de le tromper, et de le toucher au défaut de sa « cuirasse », elle connaît ses points faibles !

« Alors un homme tira de son arc au hasard, et frappa le roi d'Israël au défaut de la cuirasse. » **(1 Rois 22 v 34)**

C'est sur nos points faibles, que nous sommes vulnérables, et c'est par eux que nous risquons de chuter si nous ne sommes pas vigilants.

Et que dire de Jacob ? Ne devait-il pas attendre le temps de Dieu ?

Ne cherchons pas la bénédiction par des moyens humains, basés sur le mensonge ou par toute autre démarche ne venant pas de Dieu.

2) *Comment traduire pour nos vies, la bénédiction de Jacob ?*

« *Que Dieu te donne la rosée du ciel et de la graisse de la terre, du blé et du vin en abondance ! Que des peuples te soient soumis, et que des nations se prosternent devant toi ! Sois le maître de tes frères, et que les fils de ta mère se prosternent devant toi ! Maudit soit quiconque te maudira, et béni soit quiconque te bénira.* »

Une destinée de vainqueur, d'abondance, d'autorité, et de protection divine.

N'est ce pas ce que Jésus a prévu pour chaque enfant de Dieu ? « *Je suis venu afin que les brebis aient la vie, et qu'elles l'aient en abondance.* » **(Jean 10 v 10)**

Et cette rosée du ciel, promise et répandue sur les croyants assemblés dans la maison de Dieu : « *C'est comme la rosée de l'Hermon qui descend sur les montagnes de Sion ; car c'est là que l'Eternel envoie la bénédiction, la vie, pour l'éternité.* » **(Psaume 133 v 3)**

(Esaïe 26 v 19) : « *…Car ta rosée est une rosée vivifiante, et la terre redonnera le jour aux morts.* »

Avec la Pentecôte, le Saint-Esprit s'est répandu, pour apporter la vie !

Notre vie ici-bas en tant qu'enfant de Dieu est placée sous le signe de la grâce, de la protection divine, de la bénédiction et de l'autorité par le nom du Seigneur Jésus.

Les Actes des apôtres mettent en évidence cette autorité, par le témoignage de Pierre et Jean montant au temple à l'heure de la prière, face au besoin de guérison d'un boiteux de naissance : « *Alors Pierre lui dit : Je n'ai ni argent, ni or ; mais ce que j'ai, je te le donne : Au nom de Jésus-Christ de Nazareth, lève-toi et marche. Et le prenant par la main, il le fit lever.* » **(Actes 3 v 6)**

3) *Mais aussi savoir interpréter l'échec d'Esaü !*

« *Ta demeure sera privée de la graisse de la terre et de la rosée du ciel, d'en haut. Tu vivras de ton épée, tu seras asservi à ton frère ; mais en errant çà et là, tu briseras son joug de dessus ton cou.* »

L'homme charnel, se prive des bénédictions divines, il doit toujours se battre, par ses propres moyens : *« ton épée »,* alors que l'homme qui recherche Dieu et sa volonté, se bat en se servant de *« l'épée de l'Esprit qu'est la Parole de Dieu »* **(Ephésiens 6 v 17)**

Une vie d'errance, sans direction, sans objectif, tel est le lot de tous ceux qui ne marchent pas selon la volonté de Dieu, ni par son Esprit.

Prenons-garde à notre vie spirituelle, afin qu'elle ne s'identifie pas aux caractéristiques d'Esaü, elle nous éloignerait de la paix du Seigneur, et nous amènerait à errer sans direction bien précise.

4
Deux directions

<u>Lecture : Genèse 28</u>

    1) *Quelle différence apparaît entre la bénédiction du **chapitre 27** et celle du **chapitre 28** ?*

La première montre la bénédiction dans sa dimension, sa force, accolée à la vie de Jacob, alors que la seconde est étroitement liée à une obéissance : « *Il lui donna cet ordre…* » **(v1)**

Nous savons que nous sommes bénis en Jésus-Christ, et que cette bénédiction est bien au-dessus de celle de Jacob, car elle nous suivra jusque dans l'éternité. Mais elle dépend de notre obéissance à la volonté divine.

« *Béni soit le Dieu et Père de notre Seigneur Jésus-Christ, qui nous a bénis de toute bénédiction spirituelle dans les lieux célestes en Christ.* » **(Ephésiens 1 v 2)**

Et au **chapitre 5** il dévoile la volonté de Dieu en demandant à chaque croyant de vivre en conformité avec sa Parole : « *Que la débauche, ni aucune impureté, ni la cupidité, ne soient pas même nommées parmi vous, ainsi qu'il convient à des saints.* » **(v3)**

    2) *Que nous révèle la réaction d'Esaü ?* **versets 6 à 9**

« *Esaü vit… Il vit que Jacob avait obéi à son père… Esaü comprit…Esaü s'en alla vers Ismaël.* »

Il voit, il a entendu, et compris où se trouve le chemin ; et pourtant il se tourne vers Ismaël, qui a été rejeté, comme ne pouvant hériter de la bénédiction, comme nous l'avons vu au **(chapitre 1)**

Certaines personnes en entendant le message de l'Evangile, ont compris, que le salut était en Jésus-Christ, le chemin, la vérité et la vie ; mais elles poursuivent leur cheminement, à l'image d'Esaü ; en conservant une certaine façade de piété.

C'est le principe de la chair, elle ne pénètre pas la pensée divine, et cherche, par des moyens humains à plaire à Dieu, avec un semblant de spiritualité, qui n'est autre qu'un maquillage pour couvrir le péché.

Ainsi il prend une direction autre que celle de son frère Jacob.

3) *Quelles instructions ressortent des **versets 10 et 11** ?*

Que maintenant, il doit quitter le cocon familial, et faire ses propres expériences ; il n'a plus sa mère à ses côtés, ni son père ; désormais il devra compter sur le Seigneur et sa providence. Ici commence le travail du potier envers cette argile qu'est Jacob ; et ce long cheminement le conduisant vers Israël ! Mais sa marche commence réellement pour rencontrer, « le troisième visage, » en allant *« Plus loin avec son Dieu »*.

Pour l'enfant de Dieu, son expérience est similaire, il est souvent très entouré, voir trop ! Mais il doit faire ses propres expériences, et affronter bien des difficultés, où parfois il se sentira seul comme Jacob. C'est pourtant dans ces contextes de trouble et d'opposition qu'il fera ses plus belles expériences.

Jacob ressemble à un enfant, qui fait ses premiers pas dans la vie, quand il s'en va à Charan.

Pour grandir en Dieu, il nous faut accepter la discipline divine et aller là ou le Saint-Esprit veut nous conduire. C'est la marche en avant : *« Plus loin et plus haut avec Dieu. »*

4) *Que nous enseigne cette vision de l'échelle, pour Jacob, mais aussi pour nous enfants de Dieu ?*

« Et voici, une échelle était appuyée sur la terre, et son sommet touchait au ciel. » **(v 12)**

Quelle assurance pour lui de savoir qu'il est relié au ciel par cette vision de l'échelle, et que celle-ci n'est pas désertée mais active, puisque : *« Les anges de Dieu montaient et descendaient par cette échelle. »*

Jésus a tenu des propos similaires à Nathanaël qu'il venait de rencontrer : *« Et il lui dit : En vérité, en vérité, vous verrez désormais le ciel ouvert et les anges de Dieu monter et descendre au-dessus du fils de l'homme. »*
(Jean 1 v 51)

Et en effet nous en avons la démonstration tout au long des Evangiles ! Mais aujourd'hui encore par le Saint-Esprit, le ciel est ouvert, l'échelle est dressée entre le ciel et la terre, et la voix de Dieu se fait entendre, pour nous conduire, nous rassurer et nous communiquer les instructions afin de poursuivre la route. Comme Jacob, regarder plus loin, regarder plus haut ! Telle doit être notre devise !

La prière n'est elle pas cette échelle appuyée sur la terre, mais dont le sommet touche le ciel, quand nous la formulons avec foi dans le précieux nom de Jésus ?

> **5)** *Quels changements trouvons-nous dans l'attitude de Jacob suite à cette vision, et comment l'expliquer ?*

« *Jacob s'éveilla de son sommeil et il dit : Certainement, l'Eternel est en ce lieu, et moi, je ne le savais pas !* » **(v16)**

Il prend conscience de la présence de Dieu, ce qui l'amène à un véritable réveil dans sa vie, dans ses pensées, et dans son âme. Cette vision de l'échelle l'a saisi, l'amenant à s'interroger sur sa propre conduite à adopter.

Puisse le Seigneur nous visiter, afin que chacun de nous prenne conscience de la présence de Dieu, et que nous adoptions les bonnes attitudes, et prenions les bonnes décisions.

> **6)** *Quels sont les enseignements dégagés par les* **versets 18 et 19 ?**

Cette pierre, qui pour lui était quelconque, et banale, se transforme en autel, lorsqu'il la dresse en y déversant de l'huile à son sommet.

Cette banalité, est trop souvent notre quotidien ; la pierre de l'habitude, celle de la prière ou encore de la lecture de la Parole de Dieu ; et que dire de nos rassemblements, de nos cantiques chantés tellement par habitude !

Si nous prenions conscience de la présence de Dieu, chaque fois que nous sommes en prières ou que nous nous réunissons pour le louer et l'adorer ; la pierre de l'habitude se transformerait en autel, pour la joie et la gloire de notre Seigneur !

> **7)** *En lisant* **les versets** *concernant la vision et ceux des vœux de Jacob, que remarquons-nous ?*

L'Eternel lui dévoile par cette vision la grandeur de son œuvre, et toutes les possibilités qui s'ouvrent pour Jacob, tout en lui assurant son aide et sa protection.

Et pourtant Jacob fait un vœu qui commence étrangement par : « *Si Dieu est avec moi…S'il me donne du pain…et si je retourne en paix…Alors l'Eternel sera mon Dieu ;…* » **(v 20 et 21)**

Oh ! Surtout ne blâmons pas cet homme n'agissons-nous pas de la même façon ? Nous avons toutes les promesses de Dieu concernant notre vie, notre nourriture, l'assurance que le Seigneur sera avec nous tous les jours !

Et pourtant comme Jacob nous tâtonnons dans notre marche, nous sommes si promptes à nous inquiéter, et à demander à Dieu ce qu'il a promis de nous donner.

Comment voulons-nous servir Dieu ? Avec des *« Si tu.. »* ou encore *« S'il me.. »* ?

Servons-le, sans condition, n'ayant qu'un seul et unique désir de faire sa volonté, et cela en toute circonstance, sachant que toutes choses nous serons données en plus, si nous cherchons premièrement le royaume de Dieu et sa justice. **(Mathieu 6 v 31 à 34)**

Une croyante malmenée dans son corps, infirme, privée de ses jambes disaient en parlant de la volonté de Dieu : « Que ta volonté soit « fête », elle avait volontairement introduit un homonyme de « faite ».

Quelle leçon de courage et de détermination à vivre pour le Seigneur avec joie, et cela en tout temps !

Mon chemin

Je cherche le chemin,
Pour suivre ma route
Tout semble incertain
J'y ai croisé le doute.

Je cherche le chemin,
La bonne direction
Pour ce jour et demain
Trop d'interrogations !

Je cherche le chemin,
Vers quelle destination ?
Je suis un pèlerin
Ah ! Donnez-moi raison !

Hélas ! Que de chemins
D'innombrables sentiers !
Mais ou est donc le mien ?
Je voudrais le trouver !

Montrez-moi le chemin,
Eclairez ma route !
Pour que je sois certain,
Et repousse le doute.

J'ai trouvé le chemin,
Pour suivre ma route !
La Parole du divin
A dissipé mes doutes.

Jésus est le chemin
Avec moi sur ma route
Aujourd'hui et demain
Rien que je redoute.

Lecture : Evangile de Jean 14 v 5 et 6 :

Thomas lui dit : Seigneur, nous ne savons où tu vas ;
Comment pouvons-nous en savoir le chemin ?
Jésus lui dit : Je suis le chemin, la vérité, et la vie.

5
Deux épouses

Lecture : Genèse 29

1) *Que nous montre cette phrase ? « Jacob se mit en marche »*
Verset 1

Quand le Seigneur visite son peuple ou ses enfants, il leur communique alors une détermination et une capacité à se mettre en marche.

Nous nous souvenons du prophète Elie, fatigué, endormi sous un genêt, et comment l'ange de l'Eternel le toucha, lui donna de la nourriture, et que suite à cette intervention, cet homme découragé, et prêt à tout abandonner repris sa marche avec détermination et persévérance : ... *« Il marcha quarante jours et quarante nuits jusqu'à la montagne de Dieu à Horeb. »* **(1 Rois 19 v 8)**

Qu'il est bon d'être visité par le Très Haut ! Pour marcher d'un pas ferme, sans nous détourner de notre objectif. Repassons dans nos cœurs et nos pensées la parole du prophète **(Esaïe 40 v 29 à 31)** : *« Il donne de la force à celui qui est fatigué, et il augmente la vigueur de celui qui tombe en défaillance. Les adolescents se fatiguent et se lassent, et les jeunes gens chancellent ; mais ceux qui se confient en l'Eternel renouvellent leur force. Ils prennent leur vol comme les aigles ; ils courent, et ne se lassent point, ils marchent, et ne se fatiguent point. »*

2) *Quelles autres situations, dans la Bible nous conduisent à un puits, et quels enseignements s'en dégagent ?*

« Il regarda. Et voici, il y avait un puits dans les champs ;... » **Verset 2**

C'est Agar qui fuit sa maîtresse, et qui dans le désert de son affliction fera cette rencontre avec Dieu, qui lui apporta des paroles encourageantes, et c'est pourquoi elle donna à ce lieu et à ce puits le nom de : Lachaï-roï, qui veut dire : *« Tu es le Dieu qui me voit »* **(Genèse 16 v 14)**

C'est encore elle, s'égarant dans le désert de Beer-Schéba, épuisée, sans eau, avec son fils Ismaël pleurant sous un des arbrisseaux ; et la Bible déclare : *« Dieu entendit la voix de l'enfant... »* **(Genèse 21 v 17)**

Et la suite nous révèle qu'elle vit tout près d'elle un puits d'eau où elle alla se désaltérer et remplir l'outre « *et donna à boire à l'enfant.* » **(v 19)**

La prospérité d'Isaac est étroitement liée à des puits creusés, bouchés, puis recreusés, et le puits du serment après que Dieu se soit révélé à lui **(Genèse 26 v 33)** : « *Et il l'appela Shiba (serment). C'est pourquoi on a donné à la ville le nom de Beer-Schéba jusqu'à ce jour.* »

Au pays de Madian, Moïse fuyant Pharaon, s'arrêtera près d'un puits, et rencontrera celle qui deviendra sa femme. **(Exode 2 v 15)**

Et Jacob, qui nous conduit dans le Nouveau Testament à la rencontre de la Samaritaine avec Jésus. **(Jean 4 v 6)** au « *puits de Jacob.* »

Rencontre merveilleuse, qui changea la vie de cette femme et de beaucoup d'autres personnes.

Tous ces puits ont un point commun, c'est un rendez-vous avec la grâce de Dieu. Un endroit où intervient le Tout-Puissant ; quand tout semble perdu, ou figé ; il y a « *le puits !* »

Pour chaque croyant dans sa vie, quand il doit traverser le désert, et que comme Agar, tout semble désespéré, Dieu est là pour désaltérer, pour parler, consoler et donner une autre orientation à sa vie. Il y a et aura toujours pour l'enfant de Dieu « *le puits* », pour étancher sa soif, et lui redonner des forces pour poursuivre sa route.

3) *Que ressort de l'attitude de Jacob face aux bergers ?*

Ses paroles prononcées aux bergers, ne démontrent-elles pas que Jacob se tourne vers les autres, et que « *Mes frères d'où êtes-vous ?* » **(v 4)** témoignent qu'il désire s'intégrer au milieu d'eux, et qu'il les reconnaît comme des frères, pas seulement des bergers.

Reconnaître l'autre comme un frère ou comme un à venir ; pas ce qu'il est dans sa vie, son milieu social, son rang, mais comme un semblable. Dans le monde on est classé par ce qu'on est dans la vie, son travail, son origine, mais dans l'Eglise il n'y a que des « frères et des sœurs ».

Jacob se soucie de la famille de Laban : « *Est-il en bonne santé...* », Ce n'est plus le même homme qui demandait à Dieu de le bénir, avec ses, « *Si je...Si tu me...* »

Il nous rappelle les paroles de Paul qui disait aux **(Philippiens 2 v 4)** : « *Que chacun de vous, au lieu de considérer ses propres intérêts, considère aussi ceux des autres.* ».

4) *Comment expliquer le geste de Jacob, quand il roule la pierre de dessus l'ouverture du puits ?* **verset 10**
Que peut représenter pour nous cette pierre ?

Quand son regard croise celui de Rachel, il semble que rien ne peut l'empêcher de rouler la pierre.

Et une première leçon à retirer de ce geste, c'est que l'amour déculpe nos forces, et qu'il peut et doit rouler toutes les pierres qui couvrent nos puits nous retenant la bénédiction.

Quels noms donner à ces pierres, qui nous privent de l'eau du Saint-Esprit ? Le doute, l'absence du pardon, le manque d'amour ? Chacun peut découvrir et nommer ses pierres, mais par la grâce de Dieu, il peut les rouler.

5) *Quels sont les leçons à retirer des* **versets 18, 20, et 30** *?*

C'est la capacité de Jacob à travailler pendant sept années pour Rachel, et ces paroles sont révélatrices de son amour : « *Et elles furent à ses yeux comme quelques jours, parce qu'il l'aimait.* »

Quelle leçon d'amour ! Puissions-nous aimer, sans compter, et donner de notre temps et de notre énergie pour cette merveilleuse cause ; celle de l'Evangile.

Mais Jacob ne s'arrête pas là, puisque le **(v 30)** nous révèle qu'il travaillera encore sept nouvelles années, sans se décourager ni abandonner.

Nous nous lassons parfois dans le temps, mais si nous avons l'amour nous pourrons poursuivre, et Jacob nous invite à méditer **(1 Corinthiens 13 v 4 à 8)** : « *L'amour est patient, il est plein de bonté ; l'amour n'est pas envieux ;…* »

6) *Que penser du* **verset 25**, *et quelle conclusion pouvons-nous en tirer ?*

Jacob va apprendre par son beau père ce que ça peut représenter dans le cœur d'être trompé. Il nous invite à réfléchir sur cette parole de Jésus, quand il nous dit **(Marc 4 v 24)** : « *On vous mesurera avec la mesure dont vous vous serez servis,…* »

7) *Que dire du comportement de Jacob face à Léa et Rachel, et quelle leçon se dégage des* **versets 31 à 35** *?*

Dieu voit et intervient comme pour interpeller Jacob et l'amener à réagir, en considérant avec intérêt son autre épouse Léa.

Parfois le Seigneur voudrait nous montrer par des circonstances notre manque d'amour peut-être, ou de foi, ou toute autre chose.

Amour

Aimer c'est tout donner,
 Sans attendre le retour.
Aller, sans calculer,
 Pour y porter secours.

Mourir à nos envies,
 Pour s'occuper des autres.
Montrer qu'ils font partie,
 De la famille ; des nôtres.

Oublier ses soucis,
 Ses projets, ses besoins.
Obéir à la vie,
 Qui réclame nos soins.

User de patience
 Comme Dieu envers moi.
Unir l'espérance,
 Appuyée sur la croix.

Ressembler à Jésus,
 Qui n'a pensé qu'à nous.
 Recherchant le salut,
 A accepté les clous.

Lecture : 1 Corinthiens 13 v 2 :

Si je n'ai pas l'amour je ne suis rien.

6

Deux lignées

Lecture : Genèse 30 et 31 (versets 8 à 10)

1) *Que nous dévoile le comportement de Jacob au **verset 2** ?*
Que nous dit l'écriture concernant ce comportement ?

C'est sa colère ! Quel décalage avec le précédant chapitre où rien ne semblait trop beau pour Rachel ! Cette colère dévoile que Jacob n'est pas encore arrivé à la dimension que Dieu désire pour sa vie et pour son peuple.

La colère n'arrange rien, bien au contraire elle engendre parfois, hélas, des situations catastrophiques !

Hérode dans un moment de colère : « *… Envoya tuer tous les enfants de deux ans…* » **(Mathieu 2 v 16)**

Et Paul le dit aux Eglises et aux **(Colossiens 3 v 8)** : « *Mais maintenant renoncez à toutes ces choses, à la colère, à l'animosité, aux paroles équivoques qui pourraient sortir de votre bouche.* »

2) *Directement ou indirectement Jacob amène un conflit entre les deux sœurs Léa et Rachel :*
Sur quoi débouche t-il, et quelle attitude devons-nous adopter pour éviter un tel conflit au sein de l'Eglise ?

Ce conflit débouche sur de la jalousie et de la rivalité, parce que Jacob se trouve dans une situation ambigüe, qu'il n'arrive pas à gérer.

Certaines situations se présentent dans nos Eglises, et amènent des conflits, parce que nous n'avons pas su anticiper, trancher, prendre une décision franche.

Dieu se servira des deux femmes, et même des servantes, comme pour dire à Jacob, Rachel et Léa, que chacun va apporter sa participation à la naissance d'un peuple, qui deviendra le peuple d'Israël.

Chacun est utile dans cette construction spirituelle qu'est l'Eglise de Jésus-Christ, et que jalouser l'autre pour ce qu'il a reçu n'amène que trouble et conflit. Mais prions plutôt pour que chacun accepte sa place, son rang et fasse fructifier les talents qui lui ont été confiés.

3) *Que représentait pour Jacob, Léa et Rachel, la signification des noms de tous leurs enfants ?*
Que nous enseignent ces significations ?

Chaque naissance, donc chaque nom choisi en relation avec la circonstance : Lévi : *attaché*, Juda : *louange de l'Eternel*, Dan : *juger, rendre la justice*…etc.

Il y avait désormais une trace de leurs expériences, par la venue de chaque enfant.

Puissions-nous donner un nom à toutes nos expériences, afin de ne pas les oublier, mais qu'elles nous suivent, et qu'elles grandissent avec nous ; et nous fassent grandir.

Ne jamais oublier ce que le Seigneur a fait pour nous et en nous !

4) *Que nous montre le verset 25 ?*

Que Jacob a su attendre l'exaucement de la prière de Rachel mentionnée au **(v22)**, avant de partir. Et ce fut la naissance de Joseph, et nous savons quel rôle il a eu pour sa famille.

Il est nécessaire d'attendre le temps de Dieu avant d'entreprendre quoi que ce soit, nous pourrions passer à côté d'un *« Joseph »* ; d'une merveilleuse expérience.

5) *Qu'apercevons-nous par le contenu du verset 27 ?*

Que Jacob amena la bénédiction dans la maison de Laban, celui-ci en rend témoignage : *« Je vois bien que l'Eternel m'a béni à cause de toi ;… »*

Puissions-nous être les uns et les autres une source de bénédiction, afin que ceux qui nous entourent, comme nos proches, réalisent la présence de Dieu.

6) *Le **dernier verset** de ce chapitre nous présente Jacob comme un homme : « De plus en plus riche »*
Quelle est l'origine de cette richesse, et que nous enseigne-t-elle ?

De plus en plus riche, telle devrait être notre condition spirituelle. Un enfant de Dieu ne doit pas s'appauvrir en dilapidant ses biens, mais les faire fructifier, comme le fit Jacob (même si ses méthodes sont discutables).

« Car en lui (en Christ) vous avez été comblés de toutes les richesses qui concernent la parole et la connaissance, le témoignage de Christ ayant été

solidement établi parmi vous, de sorte qu'il ne vous manque aucun don,... »
(1 Corinthiens 1 v 5 à 7)

Nous connaissons la parabole des talents, que le Seigneur nous a laissée, pour nous stimuler à investir pour son œuvre. **(Mathieu 25 v 14)**

Bien entendu nous devons tout faire pour la gloire de Dieu, et notre prospérité matérielle n'est pas exclue du plan divin, mais nous devons agir avec honnêteté, en respectant les règles établies.

« Rendez à tous ce qui leur est dû : L'impôt à qui vous devez l'impôt... »
(Romains 13 v 7)

7

Retour au pays

Lecture : Genèse 31

> **1)** *Pourquoi l'Eternel demande t-il à Jacob de retourner : « au pays de tes pères et dans ton lieu de naissance »* **verset 3**
>
> *Y a t-il une interprétation spirituelle pour nous ?*

Il ne devait pas s'installer à Charan, mais bien en Canaan, et le temps était arrivé pour lui d'y retourner.

Le chrétien ne doit jamais perdre de vue son *« lieu de naissance »* la croix du calvaire, là où il a déposé son fardeau et ses péchés ; il doit y retourner constamment.

Et le *« pays de nos pères »*, ne représente t-il pas l'Eglise des Actes ? Celle-ci doit demeurer notre modèle.

> **2)** *Au* **verset 13**, *Dieu apparaît à Jacob en ces mots : « Je suis le Dieu de Béthel, où tu as oint un monument, où tu m'as fait un vœu. »*
>
> *Que voulait-il imprimer dans le cœur de Jacob ?*

Que Dieu ne l'avait pas oublié, et il voulait lui rappeler qu'il pourra à nouveau se révéler à lui, en lui indiquant ce lieu, Béthel.
Mais lui rappeler également son propre engagement par son vœu.
Dieu nous attend dans sa maison, et c'est bien là qu'il veut se révéler à ses enfants.
Quels engagements avons-nous pris envers Dieu ? Il s'en souvient, et attend notre fidélité. **(Ecclésiaste 5 v 3) :** *« Lorsque tu as fait un vœu à Dieu, ne tarde pas à l'accomplir, car il n'aime pas les insensés : Accomplis le vœu que tu as fait. »*

> **3)** *En comparant le* **verset 3** *et la seconde partie du* **verset 13**, *que remarquons-nous ?*

Il y a un mot très important qui ne supporte pas de délai et qui apparaît : *« Maintenant »* !

Nous sommes si promptes à reporter, par un délai, une excuse, comme cet homme de l'Evangile : « *Seigneur, permets-moi d'aller d'abord ensevelir mon père. Mais Jésus lui répondit : Suis-moi et laisse les morts ensevelir leurs morts.* » **(Mathieu 8 v 21 et 22)**

Nous devons avoir cette disponibilité à répondre au Seigneur par « *Maintenant* » et pour Jacob comme pour nous, il est impératif d'y répondre, à l'exemple des premiers disciples, qui suivirent Jésus à l'instant même de l'appel : « *Aussitôt, ils laissèrent leurs filets et le suivirent.* » **(Marc 1 v 18)**

Le livre des Hébreux abonde dans ce sens par ces paroles du Saint-Esprit : « *Aujourd'hui, si vous entendez sa voix, n'endurcissez pas vos cœurs, comme lors de la révolte,…* » **(Hébreux 3 v 7 et 8)**

4) *Quelle importance se dégage des **versets 14 à 16** pour la décision de Jacob ?*

C'est la détermination de Rachel et de Léa à le suivre, ainsi que leurs enfants.

C'est une grâce de Dieu, quand il y a cette pleine communion dans une même famille à obéir à la Parole de Dieu.

Paul en parle dans sa lettre aux **(Ephésiens 5 v 22 et 25 et 6 v 1 à 3)**
Dans ses recommandations, il insiste sur cette nécessité d'avoir cette pleine harmonie dans la famille ; femmes et maris ainsi que les rapports enfants parents.

La force de l'Eglise, c'est avant tout la vie de Dieu vécue au sein même du foyer ; la pépinière de l'Eglise !

5) *Que démontre la fuite de Jacob ? **verset 21***

Un manque de dialogue avec Laban son beau père.

La fuite est parfois la solution choisie, mais elle ne solutionne pas le conflit. Jacob a peur de ce face à face, qu'il faudra pourtant avoir, et qui aura lieu ; mais à ce moment, il n'a pas la force de l'affronter.

Il y a des choses à fuir, et d'autres qu'il faut affronter. Demandons au Seigneur la force de les affronter.

Dieu demandera à Joseph et Marie, de fuir en Egypte pour protéger L'enfant Jésus d'Hérode, qui en voulait à sa vie ; mais plus tard face à l'adversaire, Jésus n'a pas fui, il a affronté la croix du calvaire, pour que nous vivions de sa grâce, de ses bénéficions et de son salut merveilleux.

Paul s'adressant aux Corinthiens dira : *« Fuyez la débauche. »* **(1Corinthiens 6 v 18),** et au chapitre **(10 v 14)** : « C'est pourquoi, mes bien-aimés, fuyez l'idolâtrie. » Mais au chapitre **(14 v 1)** : *« Recherchez l'amour. Aspirez aussi aux dons spirituels,… »*

Ne fuyez pas l'amour ! Recherchez-le, pratiquez-le ! Et surtout gardez-le !

C'est encore à Timothée, que ce même apôtre l'exhortera en ces mots : *« Fuis les passions de la jeunesse, et recherche la justice, la foi, l'amour, la paix, avec ceux qui invoquent le Seigneur d'un cœur pur. »* **(2 Timothée 2 v 22)**

Puis en **(4 v 1 et 2)** : *« Je t'en conjure devant Dieu et devant Jésus-Christ…Prêche la parole, insiste en toute occasion, favorable ou non, reprends, censure, exhorte, avec toute douceur et en instruisant. »*

Pas question de fuir, Timothée ! Mais assure tes responsabilités en tant que serviteur de Dieu. Annonce la Parole, même si le contexte est difficile ; prêche le Christ et son glorieux message de salut, de paix et de délivrance.

6) *Comment interpréter les paroles de Dieu : Garde-toi de parler à Jacob ni en bien ni en mal ?*

Malgré l'attitude de Jacob envers Laban, Dieu le protège sans lui donner raison, mais il veille sur lui, sur sa formation.

Jacob progresse lentement, mais il est entre les mains du Seigneur qui ne permet à personne de porter la main sur lui.

Le Seigneur ne ferme pas les yeux sur nos fautes, mais il ne permet pas que l'on touche à nos vies.

Souvenons-nous de Job, et de l'acharnement de Satan contre sa vie, sa famille, ses serviteurs, et des paroles que Dieu prononça : *« …Seulement ne porte pas la main sur lui. »* **(Job 1 v 12)**

Cette grâce était sur Jacob, sur Job et elle est sur nous, malgré nos manquements.

Et parler en bien, aurait fait naître en lui un esprit d'orgueil, et favoriser un contentement, pensant qu'il avait atteint la carrure spirituelle, bloquant ainsi ce perfectionnement désiré par Dieu.

L'Eglise de Laodicée dans **(Apocalypse 3 v 17)** témoigne qu'elle se porte bien, qu'elle a atteint, le niveau d'exigence du Seigneur ; mais, voici ce que dit le Christ à l'ange de cette Eglise : *« Parce que tu dis : Je suis riche, je me* *suis enrichi, et je n'ai besoin de rien, et parce que tu ne sais pas que tu es malheureux, misérable, pauvre, aveugle et nu... »*

> **7)** *Que représentent ces « théraphim » dérobés et cachés par Rachel ?*

La difficulté à abandonner les idoles, qui sont cachées aux yeux des autres parfois, mais qui sont dans nos cœurs et nos pensées.
« *Petits enfants, gardez-vous des idoles.* » **(1 Jean 5 v 21)**
Avons-nous tout abandonné quand nous avons suivi le Seigneur ?
Ne reste-t-il pas au fond de nous de ces « petites idoles » que nous avons du mal à abandonner ?
« *Car on raconte...et comment vous vous êtes convertis à Dieu, en abandonnant les idoles pour servir le Dieu vivant et vrai,...* »
(1 Thessaloniciens 1 v 9)

> **8)** *Que penser des « vingt ans que j'ai passés chez toi » ?* **versets 38 et 41**

Ce fut pour Jacob vingt ans de formation. Ces années ont certainement été éprouvantes, mais Jacob a grandi, il avance dans sa transformation, et son maître est Dieu qui se servit de Laban.

Dieu nous forme par les évènements de la vie, et comme Jacob nous ne comprenons pas tout ce qui nous arrive ; mais le maître possède son « *Laban* », pour nous former ; par nos amis, nos collègues de travail...etc.

Moïse, après avoir fui Pharaon, restera longtemps en formation au service de Jéthro, son beau-père, et c'est après ce temps de formation, que l'Eternel se révèlera à lui, pour lui confier cette mission de faire sortir le peuple d'Israël du pays d'Egypte. « *Il avait quarante ans, lorsqu'il eut à cœur de se rendre auprès de ses frères,...* » **(Actes 7 v 23)**. « *Quarante ans plus tard, un ange lui apparu, au désert...* » **(v30)**

> **9)** *Quelles instructions ressortent de ce serment entre Laban et Jacob ?*

Pas le même nom, mais le même serment. Il y a un nom en araméen (Jegar-Sahadutha) et l'autre en hébreux (Galed) : *Monceau du témoignage.* **(v 45 à 47)**

Ce n'est pas le nom que nous donnons à une chose qui est important ; ce qui compte, c'est de nous retrouver dans une même pensée.

Ainsi deux hommes de cultures différentes, vont s'entendre sur la nécessité de vivre en paix et de se respecter l'un l'autre.

Nos communautés chrétiennes sont composées de personnes venant d'horizons différents, mais elles doivent conserver cette unité autour du respect, dans l'interprétation des Ecritures, quand celles-ci laissent le croyant libre dans sa mise en œuvre. Paul nous donne un exemple : « *Ne soyez en scandale ni aux Grecs, ni aux Juifs, ni à l'Eglise de Dieu, de la même manière que moi aussi je m'efforce en toutes choses de complaire à tous, cherchant non mon avantage, mais celui du plus grand nombre, afin qu'ils soient sauvés.* » **(1 Corinthiens 10 v 32 et 33)**

8

Une rencontre salutaire

Lecture : Genèse 32

1) *Quelle est la tonalité spirituelle que donne Jacob à **ce chapitre** ?*

« Jacob poursuivit son chemin et les anges de Dieu le rencontrèrent. » **(v 1)**

Il continue sa route, il a réglé son différent avec Laban, il a été façonné, comme l'or il est passé au creuset, et il ressort, plus fort et plus déterminé que jamais. Il est prêt à cette rencontre avec Dieu.

Ne nous arrêtons pas en chemin, il faut régler les différents, il faut poursuivre la route, car le Seigneur a d'autres rendez-vous, qu'il a programmés avec chacun de nous.

Mais Jacob a surtout un rendez-vous avec son frère Esaü, rendez-vous qu'il redoute, vu le passé.

Aussi ce camp de Dieu est là pour le rassurer, et lui communiquer des forces, pour aller jusqu'au bout de sa démarche.

Et pour nous le camp de Dieu, c'est la présence du Saint-Esprit dans nos cœurs, pour nous rassurer et nous fortifier : *« ...Ne vous inquiétez pas d'avance de ce que vous aurez à dire, mais dites ce qui vous sera donné à l'heure même ; car ce n'est pas vous qui parlerez, mais le Saint-Esprit. »* **(Marc 13 v 11)**

2) *Quelle attitude opte Jacob vis-à-vis de son frère Esaü ?*
versets 5 à 7

Une attitude de prévenance, puis de prudence en séparant son camp.

N'avons-nous pas besoin de l'aide divine, pour prendre les bonnes décisions, devant une situation difficile à gérer ?

Jacob possède un autre regard sur son frère, ce n'est plus celui qu'il a trompé, maintenant il se place en-dessous de lui, en le nommant *« Son seigneur »*

Il démontre ainsi que sa formation se poursuit, et qu'il adhère dans ce processus de transformation, comme le réclame le Saint-Esprit par la plume de Paul aux **(Philippiens 2 v 3)** : *« ...Mais que l'humilité vous fasse regarder les autres comme étant au-dessus de vous-mêmes. »*

3) *Que nous enseigne la prière de Jacob ?* **versets 9 à 12**

Qu'il se sent petit et démuni devant l'obstacle qui se dresse devant lui, et il rappelle les promesses que le Seigneur lui a faites : « *Et toi, tu as dit : Je te ferai du bien,…* »

Qu'il est bon de se souvenir des promesses de Dieu, quand les obstacles se dressent comme des murailles, et de les reformuler dans nos prières, comme le firent les premiers chrétiens, alors qu'ils étaient ennuyés par les opposants de l'Evangile : « *C'est toi qui as dit par le Saint-Esprit…* » **(Actes 4 v 25)**

Ils prieront sur la base des promesses divines et ils seront visités et remplis du Saint-Esprit.

4) *« C'est dans ce lieu-là que Jacob passa la nuit »* **verset 13**

Que nous révèle cette phrase ?

Qu'il ni y a pas d'autres endroits où nous pouvons passer « nos nuits d'épreuves » ; que seule la présence de Dieu nous fortifie, et que lui seul est notre rocher et notre forteresse, comme l'a expérimenté David :   « *Eternel, mon rocher, ma forteresse, mon libérateur ! Mon Dieu, mon rocher, où je trouve un abri !* » **(Psaume 18 v 3)**

5) *Que penser de ce don offert à Esaü par Jacob ?* **Versets 13 à 21**

Son don est très généreux, témoignant de sa sincérité, et de son amour.

Ce que nous offrons témoigne de ce que nous éprouvons par nos sentiments envers l'autre ou les autres. Donnons avec abondance, témoignons de notre intérêt par nos largesses.

Mais surtout ne comptons pas, quand nous donnons pour le Seigneur, que ce soit en temps, en consécration, comme nous pouvons le faire par nos biens temporels.

6) *Que nous dévoilent* **les versets 22 et 23 ?**

C'est le soin qu'il apporte aux siens, mais cette phrase témoigne, que toute sa vie, et tous ses biens doivent passer à l'autre rive : « *Il les prit, leur fit passer le torrent, et le fit passer à tout ce qui lui appartenait.* »

Tout ce qui nous appartient doit suivre le chemin du Seigneur, nos progrès doivent concerner toute notre vie, tout doit passer « *le gué de Jabbok* » et tout doit être en route vers le mieux, vers l'épanouissement spirituel ; la vie de prière, la foi, la persévérance, le témoignage, la sanctification…etc.

> **7)** *Que nous enseigne cette phrase ? « Jacob demeura seul. Alors un homme lutta avec lui »…***verset 24 :**

Qu'il y a des moments où il est nécessaire de demeurer seul. C'est la solitude que Dieu a planifiée, pour nous rencontrer, ou pour nous laisser dans la réflexion et la méditation.

« *Il se tiendra solitaire et silencieux, parce que l'Eternel le lui impose ;… »* **(Lamentations de Jérémie 3 v 28)**

Elie fuyant Jézabel, se retrouvera seul dans le désert assis sous un genêt. **(1 Rois 19 v 4)** et c'est à ce moment et dans ce lieu que l'ange de l'Eternel le toucha et le fortifia.

Jonas irrité, après que Dieu eut pitié de la ville de Ninive, se retira à l'ombre d'une cabane ; et c'est là que Dieu le retrouva, lui parla pour lui apporter ses conseils. **(Jonas 4 v 4 à 11)**

Dans nos moments de solitude Dieu est là ! Il permet ces temps d'épreuves pour s'occuper personnellement de notre situation ; car le Seigneur n'abandonnera jamais ses enfants qu'il a appelés, et sauvés.

Pour Jacob c'est l'heure de l'examen divin, où il devra démontrer qu'il a vraiment soif de la bénédiction, qu'il veut la victoire, et qu'il est *« ce violent qui s'empare du Royaume de Dieu. »* **(Mathieu 11 v 11)**

> **8)** *Quelle est la portée des paroles de Jacob ? « Je ne te laisserai point aller, que tu ne m'aies béni »* **verset 26**

C'est un homme résolu, combatif, et pas seulement pour un temps ; il veut aller jusqu'au bout de sa démarche, jusqu'à l'exaucement.

C'est ce type de croyant qui obtient l'exaucement de ses prières, celui qui persévère, malgré le silence, et le temps qui passe ; à l'exemple de cette femme veuve de la parabole **(Luc 18 v 1)** qui insiste, et encore, jusqu'à ce que ce juge accepte de lui faire justice ; et la leçon que Jésus transmet par cette femme : *« Et Dieu ne fera-t-il pas justice à ses élus, qui crient à lui jour et nuit, et tardera-t-il à leur égard ? Je vous le dis, il leur fera promptement justice. »* **(v 7 et 8)**

9) *Comment interpréter ? « Car tu as lutté avec Dieu et avec les hommes, et tu as été vainqueur »* **verset 28**

Cette lutte n'est pas contre Dieu, mais plutôt contre le Jacob, l'homme trompeur, qui a besoin d'être transformé, et c'est avec Dieu qu'il a remporté la victoire, celle contre lui-même.

Il nous faut cette victoire, et c'est avec Dieu que nous la remporterons ; car telle est la véritable bénédiction, quand la main du Seigneur nous façonne, pour que nous devenions meilleurs.

10) *« Ton nom ne sera plus Jacob mais tu seras appelé Israël »*
Quel changement pour Jacob ?
Quel enseignement pour nous ?

Il a une autre identité, un autre visage, et l'autre visage doit à la longue disparaître, pour laisser l'image d'Israël.

Notre visage, doit se transformer par l'intervention divine, et nous devons montrer l'image d'un véritable enfant de Dieu.

« Ne vous conformez pas au siècle présent, mais soyez transformés par le renouvellement de l'intelligence, afin que vous discerniez quelle est la volonté de Dieu, ce qui est bon, agréable et parfait. » **(Romains 12 v 2)**

Et le mot « transformés », veut littéralement dire : « Soyez métamorphosés ». Ce même mot est encore utilisé par Paul quand il s'adresse aux chrétiens : *« Nous tous dont le visage découvert reflète la gloire du Seigneur, nous sommes transformés en la même image, de gloire en gloire, par l'Esprit du Seigneur. »* **(2 Corinthiens 3 v 18)**

11) *Quelle force se dégage* **du verset 30 ?**

Celle d'avoir vu Dieu, et d'avoir été exaucé !
Puissions-nous faire de telles expériences, rencontrer Dieu dans une relation personnelle, qui nous renouvellera dans la foi et dans notre marche avec lui.
Recherchons sa face ! Il a tant de choses à nous transmettre !

12) *Que peut représenter pour nous cette phrase ?*
« Jacob boitait de la hanche. » **verset 31**

Une marque divine sur sa vie, qui permet maintenant de l'identifier.

« Seigneur marque ma vie de ton sceau, afin que je montre à ce monde que tu es vivant et que tu te manifestes dans la vie de ceux qui te cherchent et qui veulent te suivre. »

C'est le meilleur des témoignages, sans parole ; une vie toute entière reflétant la vie de Christ en nous. Une démarche de joie et de paix au sein d'un monde agité et sans espoir est plus efficace pour convaincre les incrédules que dix mille paroles données, même si celles-ci témoignent de l'Evangile !

Moïse n'avait pas besoin d'ouvrir la bouche, lorsqu'il descendit de la montagne de Sinaï : « *Moïse descendit de la montagne de Sinaï, ayant les deux tables du témoignage dans sa main, en descendant de la montagne ; il ne savait pas que la peau de son visage rayonnait, parce qu'il avait parlé avec l'Eternel.* » **(Exode 34 v 29)**

Le premier chapitre du livre de Samuel, nous présente une femme malheureuse, parce qu'elle ne pouvait pas avoir d'enfant, Anne : « *... Alors elle pleurait et ne mangeait point.* » **(1 Samuel 1 v 7)**

Puis elle se leva et alla devant l'Eternel répandre son cœur dans la prière, **(v 12 à 17)** et la suite nous révèle : « *Et cette femme s'en alla. Elle mangea, et son visage ne fut plus le même.* » **(v 18)**

La présence de Dieu dans notre cœur, et c'est notre vie toute entière qui est transformée, reflétant sa paix et sa joie.

L'apôtre Pierre le dira par sa première lettre aux chrétiens **(3 v1et 2)** : « *Femmes, que chacune soit de même soumise à son mari, afin que, si quelques-uns n'obéissent point à la parole, ils soient gagnés sans parole par la conduite de leur femme, en voyant votre manière de vivre chaste et respectueuse.* »

Ce que nous devons retenir, et qui est valable pour tous : « *Sans parole par la conduite* », mais cela ne veut pas dire que nous ne devons plus témoigner de notre foi !

9

Une rencontre redoutée

Lecture : Genèse 33

1) *Que peut représenter pour nous cette attitude de Jacob ? : « Jacob leva les yeux et regarda… »* **verset 1**

Il lève ses yeux et il voit son frère, qu'il ne voit plus comme avant. Après son expérience à Peniel Jacob à un autre regard sur son frère.
Voir l'autre en levant nos yeux, c'est le voir à travers le regard de Dieu.

2) *Que nous montre ce* **verset 3** *? : « Et il se prosterna à terre sept fois, jusqu'à ce qu'il soit près de son frère. »*

Une profonde et véritable humilité. Ce n'est pas ou plus du théâtre, c'est une vraie sincérité, le chiffre sept le témoigne.
Jusqu'à terre ; il s'incline, s'abaisse, il est en marche pour être relevé par Dieu.
Le Psalmiste nous fait ce constat : **(Psaume 119 v 67, 71, 75,)** : *« Avant d'avoir été humilié, je m'égarais ; maintenant j'observe ta parole. »*… *« Il m'est bon d'être humilié »*… *« C'est par fidélité que tu m'as humilié »*
Non ce n'est pas facile de s'humilier, ni d'être humilié, pourtant l'Ecriture nous dévoile que c'est le chemin obligé pour grandir.
Un serviteur de Dieu, en prêchant sur l'humilité, disait ceci : « L'humilité » et « l'humidité », sont très proches ; une lettre qui change. Il poursuivit en disant : « De même qu'une plante a besoin de « l'humidité » pour se développer, le chrétien a besoin de « l'humilité » pour grandir spirituellement. »

3) *Quelles leçons pouvons-nous retirer de la réconciliation de Jacob et d'Esaü ?* **verset 4**

Dès le début nous avons constaté qu'Esaü représente la chair, qui se met en travers de notre cheminement.

Alors que pouvons-nous en retirer comme enseignements ?
Cette réconciliation, propose un équilibre dans la vie du croyant, et qu'il doit avoir les pieds sur terre, tout en réalisant qu'il est citoyen des cieux.

Se réconcilier avec soi-même nous assure que cette vie d'ici-bas doit être vécue dans l'harmonie ; le spirituel et le matériel.

Et il est souhaitable, dans la mesure du possible, d'avoir des bonnes relations avec les membres de notre famille. Pas toujours facile, surtout quand celle-ci est opposée à la foi.

> **4)** *Quel est l'enseignement à retirer de cette phrase de Jacob ? : « J'ai regardé ta face comme on regarde la face de Dieu, et tu m'as accueilli favorablement »* **verset 10**

Une question doit venir à notre esprit : Comment vois-je l'autre ? Avec ses défauts ?

Regarder l'autre comme si nous regardions Dieu, c'est la perfection dans le regard, et ce regard ne voit que ce qui est bien !

Que de conflits, de médisances, de critiques pourraient disparaître, ou ne jamais exister, si nous prenions la décision de voir l'autre autrement !

> **5)** *« Et moi je te suivrai lentement, au pas du troupeau »…Que retirons-nous de ce* **verset 14 ?**

Ces paroles dans la bouche de Jacob témoignent d'un souci de marcher aux pas des autres, et non pas d'imposer sa cadence.

Que de fois nous avons soupiré, manqué de patience envers l'un ou l'autre, lui reprochant ouvertement ou en pensée sa lenteur à marcher, à avancer dans la vie chrétienne.

Emboîter le pas de l'autre c'est prendre en considération, sa faiblesse peut-être, sa fatigue.

L'Ecriture nous invite à marcher d'un même pas **: (Philippiens 3 v 15 et 16)** : *« Nous tous donc qui sommes des hommes faits, ayons cette même pensée ; et si vous êtes en quelque point d'un autre avis, Dieu vous éclairera aussi là-dessus. Seulement au point où nous sommes parvenus, marchons d'un même pas. »*

Cette parole de David est toujours d'actualité, quand il reprend tous ceux qui ne voulaient pas partager le butin avec ces hommes qui étant trop fatigués, étaient restés près des bagages : *« La part doit être la même pour celui qui est descendu sur le champ de bataille et pour celui qui est resté près des bagages : Ensemble ils partageront. »* **(1 Samuel 30 v 10 et 24)**

N'est-ce-pas ainsi marcher au pas du troupeau ?

6) *Que représentait pour Jacob l'achat de ? : « la portion du champ où il avait dressé sa tente… »* **verset 19**
Et pour nous ?

Une propriété, une implantation ; une petite parcelle dans un pays qui deviendra le pays d'Israël.

Prenons position et possession par la foi, même d'une parcelle, qui semble bien petite, voir insignifiante, mais ne méprisons pas les faibles commencements. **(Zacharie 4 v 8 à 10) :** *« Car ceux qui méprisaient le jour des faibles commencements se réjouiront en voyant le niveau dans la main de Zorobabel. »*

7) *Que prouve le* **verset 20 ?**

Le peu qu'il possède, est destiné pour servir Dieu. Le peu que nous avons, consacrons-le au Seigneur.

Ce qui est important, et qui a de la valeur aux yeux de Dieu, c'est de faire et de donner, même peu, mais avec le cœur.

« Jésus, s'étant assis vis-à-vis du tronc, regardait comment la foule y mettait de l'argent. Plusieurs riches mettaient beaucoup. Il vint aussi une pauvre veuve, et elle y mit deux petites pièces, faisant un quart de sou. Alors Jésus, ayant appelé ses disciples, leur dit : Je vous le dis en vérité, cette pauvre veuve a donné plus qu'aucun de ceux qui ont mis dans le tronc ; car tous ont mis de leur superflu, mais elle a mis de son nécessaire, tout ce qu'elle possédait, tout ce qu'elle avait pour vivre. »
(Marc 12 v 41 à 44)

10

Attention ! Compromis !

Lecture : Genèse 34

1) *Dans quelle situation, Jacob a-t-il placé sa famille ?*
Versets 1 à 4

Dans la tentation de s'initier aux coutumes étrangères, et à imiter ce peuple dans son mode de vie, et de se laisser influencer.

Nous devons rester vigilants quand à ce monde et ses coutumes, ainsi que ses principes qui sont trop souvent en décalage avec la Parole de Dieu. Il ne faut pas non plus tomber dans l'extrême, en s'isolant et en ignorant ceux qui ne connaissent pas Dieu.

2) *Que veut dire ce silence de Jacob ?* **verset 5**

Il manque d'autorité, et ne prend pas une réelle position face à cette situation, comme s'il craignait ce peuple.

Notre position ne doit souffrir d'aucun compromis et nos silences pourraient nous accuser.

Pierre ainsi que les apôtres se seraient épargné bien des soucis s'ils s'étaient tus, au lieu de parler de leur foi en Jésus-Christ.
(Actes 5 v 28 et 29)

3) *Que nous révèle cette phrase ? : « Parce que Sichem avait commis une infamie en Israël... »* **verset 7**

Il semblerait que Jacob n'a pas pris la mesure de cette situation, et ce sont ses enfants qui l'interpellent.

Nos enfants peuvent devenir les messagers de Dieu pour nous interpeller, car avec le temps nous sommes parfois comme le sacrificateur Eli qui n'entendait plus la voix de Dieu, et c'est par le jeune Samuel que l'Eternel se manifesta. **(1 Samuel 3 v 1 à 18)**

Les enfants de Jacob ont mis les vrais mots sur la situation, avec les conséquences qui en découlaient.

Nous devons nommer les choses, les situations par ce qu'elles sont réellement, et ne pas les envelopper dans le papier des excuses, ni des compromis.

4) *Quels dangers menaçaient Jacob ainsi que toute sa famille ?* **versets 9 et 10**
Et que représentent pour nous **ces versets** *?*

« Vous habiterez avec nous, et le pays sera à votre disposition ; restez, pour y trafiquer et y acquérir des propriétés. »

L'histoire d'Israël nous montre que chaque fois que ce peuple a voulu cohabiter avec des nations étrangères, celles-ci l'ont entraîné à s'éloigner de la Parole de Dieu.

Voici ce que la Parole du Seigneur disait : *« Tu ne feras point d'alliance avec eux, ni avec leurs dieux. Ils n'habiteront point dans ton pays, de peur qu'ils ne te fassent pécher contre moi ;… »* **(Exode 23 v 32 et 33)**

Ce récit du livre des **(Nombres 25 v 1)** est révélateur du penchant humain et sentimental : *« Israël demeurait à Sittim ; et le peuple commença à se livrer à la débauche avec les filles de Moab. »*

Cette mise en garde n'est pas réservée au peuple de Dieu de l'Ancienne Alliance, mais le peuple des enfants de Dieu de la Nouvelle Alliance est concerné, et la mise en garde demeure d'actualité, pour sa vie de piété au milieu de ce monde, sans Dieu, ni foi : *« Ne vous mettez pas avec les infidèles sous un joug étranger. »* **(2 Corinthiens 6 v 14)**

Jacob ne semblait pas être conscient des conséquences de succomber à une telle proposition, et sa position témoigne qu'il est encore sous l'influence de ses sentiments, qui trompent quiconque ne les domine pas.

Quelqu'un a écrit et décomposé le mot sentiment pour nous mettre en garde du danger : « Le senti ment ». Oui ce que nous ressentons par les émotions, « ment » quand à la réalité de la situation. C'est spirituellement que nous devons l'analyser.

5) *Que nous démontre le* **verset 23** *? :* « *Leurs troupeaux, leurs biens et tout le bétail, ne seront ils pas à nous ? »*

Que derrière cette proposition alléchante, il y a bien une stratégie pour s'emparer des biens de cette famille, et de tout un peuple.

La même stratégie du diable, qui s'adressant à Jésus, lui proposa tous les biens de ce monde, si seulement il se prosternait devant lui et l'adorait. Mais le Seigneur manifesta son opposition par la Parole de Dieu, mettant en déroute l'adversaire de nos âmes : *« Je te donnerai toute cette puissance, et la gloire de ces royaumes ; car elle m'a été donnée, et je la donne à qui je veux. Si donc tu m'adores, elle sera toute à toi. Jésus lui répondit : Il est écrit : Tu adoreras le Seigneur, ton Dieu, et tu le serviras lui seul. »* **(Luc 4 v 6 à 8)**

N'oublions jamais cette vérité ; c'est que l'adversaire veut nous donner, pour mieux nous dépouiller par la suite.

6) *Comment interpréter pour nous les attitudes de Siméon et de Lévi ?* **versets 25 à 29**

Ils n'ont pas craint d'agir en profondeur en détruisant le mal avec leurs armes.

Nous ne devons pas accepter que ce monde nous enlève nos valeurs spirituelles, et face à certaines situations compromettantes, nous devons agir avec les armes que Dieu nous a laissées. **(Ephésiens 6 v 11 à 19)**

« Car les armes avec lesquelles nous combattons ne sont pas charnelles ; mais elles sont puissantes, par la vertu de Dieu, pour renverser des forteresses. Nous renversons les raisonnements et toute hauteur qui s'élève contre la connaissance de Dieu, et nous amenons toute pensée captive à l'obéissance de Christ. » **(2 Corinthiens 10 v 4 et 5)**

7) *Que penser des paroles de Jacob ?* **verset 30**
  Et de la réponse de ses fils ?

Jacob craint ce peuple, craint des représailles ; et son attitude diagnostique un manque de confiance en Dieu. Il mentionne : *« Je n'ai qu'un petit nombre d'hommes ;... ».* Pourtant ne lui a-t-il pas promis son aide sa protection ? Et lui-même ne s'est-il pas engagé à le suivre et à le servir ?

Dieu ne compte pas comme nous ! Ce qu'il attend de nous c'est la foi !

Il y a trop souvent un décalage entre ce que nous disons et confessons et notre comportement face à la réalité du terrain !

Quand à ses fils, ils sont déterminés et ne se laissent pas effrayer par le nombre, semblable à Elisée rassurant son serviteur : *« Ne crains point, car ceux qui sont avec nous sont en plus grand nombre que ceux qui sont avec eux. »* **(2 Rois 6 v 16)**

11

Passage obligé !

Lecture : Genèse 35

1) *Quelle est la portée spirituelle **du verset 1***
Pour Jacob ?
Pour nous ?

« **Lève-toi,** *monte à Béthel, et* **demeures-y** *; et là tu* **dresseras** *un autel au Dieu qui t'apparut,…* »

« Jacob ! Quitte ta peur, ton angoisse et lève-toi ! Demeure dans les choses de Dieu, et sers-le ! »

Ces trois verbes sont nommés pour sortir Jacob de sa position négative pour le propulser vers l'avant, et le passage par Béthel, est un passage obligé ! Béthel : La maison de Dieu.

Pour nous il en est de même : Levons-nous pour nous porter vers l'avant, et demeurons dans les choses que nous avons reçues : « *Toi, demeure dans les choses que tu as apprises, et reconnues certaines,…* »
(2 Timothée 3 v 14)

Dressons constamment l'autel du Seigneur, par notre vie de prière et d'adoration. Passage obligé pour nous, pour aller « *plus loin avec Dieu* », et que cette transformation spirituelle soit sur notre âme.

2) *Comment interpréter pour nous les paroles de Jacob ?* **verset 2**

Ce que Dieu lui a demandé, ne peut tolérer « *les dieux étrangers* » et Jacob ressent cette nécessité de les ôter.

Les dieux étrangers sont encore actifs et attrayants aujourd'hui dans ce monde où nous vivons ; à nous de les découvrir et de les débusquer.

Chacun connaît ses penchants, ses attirances, qui se présentent parfois comme des serviteurs, mais que si nous les laissons dominer, finissent par devenir des maîtres, puis des dieux. Veillons, et soyons toujours vigilants, pour ne pas laisser de place « *aux dieux étrangers.* »

3) *Quelle relation y-a t-il entre **les versets 2 et 3** ?*

*Entre **les versets 2 et 5 ?***

Jacob ne pouvait envisager d'aller à Béthel sans que sa famille se débarrasse de ses idoles, se purifie et change ses vêtements.
Comment allons-nous à la maison de Dieu ? Avec nos idoles ? Et notre cœur, s'est-il préparé pour entendre la Parole ?
« Changez de vêtements » Comme le demande l'Ecriture : « *...Un vêtement de louange au lieu d'un esprit abattu,...* » **(Esaïe 61 v 3)**

Après avoir purifié leur cœur, l'intervention divine se manifesta avec puissance : « *Ensuite ils partirent. La terreur de dieu se répandit sur les villes qui les entouraient, et l'on ne poursuivit point les fils de Jacob.* »

Quand le peuple de Dieu décide de se purifier, de se sanctifier, il déclenche le bras divin qui agit en sa faveur, pour le bénir et le protéger.
« *Non, la main de l'Eternel n'est pas trop courte pour sauver, ni son oreille trop dure pour entendre. Mais ce sont vos crimes qui mettent une séparation entre vous et votre Dieu ; ce sont vos péchés qui vous cachent sa face et l'empêchent de vous écouter.* » **(Esaïe 59 v 1 et 2)**

> **4)** *Pourquoi Dieu rappelle t-il à Jacob ? : « Tu ne seras plus appelé Jacob, mais ton nom sera Israël ».* **verset 10**

Il est nécessaire que ce nom prenne position et possession de Jacob, afin que celui-ci s'efface peu à peu pour qu'Israël devienne le centre de sa vie.
La Parole de Dieu nous dit et nous redit, que nous sommes devenus une nouvelle création, et l'important est que ce nom soit gravé dans notre cœur. Nouvelle création, homme nouveau, fils et fille de Dieu ! Dans les moments de doute ou d'épreuve, il est bon de le confesser.

> **5)** *Quelle est l'importance pour Jacob de cette révélation divine ?* **versets 11 et 12**

Que sa vie doit porter du fruit : « *Sois fécond, et multiplie ; une nation et une multitude de nations naîtront de toi, et des rois sortiront de tes reins. Je te donnerai...* »
C'est la mission et la vocation de Jacob : Appelé à être fécond, à multiplier, et cela se traduira par une grande bénédiction, puisque des rois sortiront de ses reins.

Nous avons été appelés pour porter du fruit, et que celui-ci peut s'étendre au-delà de toutes nos espérances.

Un encouragement à mettre tout en œuvre pour que le royaume de Dieu se manifeste en nous et autour de nous.

6) *En comparant* **Genèse 28 verset 22 et Genèse 35 versets 13, 14 et 15**, *que remarquons-nous ?*

La première lecture nous rappelle les *« si »* de Jacob, après cela il dresse un monument. C'est-à-dire tout est fait à condition que Dieu fasse ceci ou cela.

Maintenant *« Dieu s'éleva au-dessus de lui »*, et les mots sont de Dieu seulement.

Laisser Dieu parler, lui laisser le dernier mot, et il s'élèvera sur nos vies et nous élèvera dans la connaissance de sa volonté et de son amour.

7) *Quelle interprétation spirituelle pour nous par* **les versets 17 et 18** *?*

Deux noms proposés à ce fils de Rachel ; par elle, Ben-Oni, au sein de l'épreuve et de la douleur. Mais Jacob lui, il choisit ce nom qui sera désormais celui de son fils, Benjamin qui veut dire *« fils de ma droite ».*

Dans l'épreuve ou la douleur des circonstances, nous avons la possibilité de lui donner deux noms : Ben-Oni ou Benjamin. C'est-à-dire de porter ce nom tout au long de notre épreuve et bien au-delà !

Fils de ma douleur, de l'épreuve, que je grave dans mon cœur, pour qu'il y reste ?

Ou fils de ma droite, de ma force ?

Choisir de transformer nos épreuves en force ! Et considérer ce que dit la Bible par la plume de Paul : *« Nous savons, du reste, que toutes choses concourent au bien de ceux qui aiment Dieu, de ceux qui sont appelés selon son dessein. »* **(Romains 8 v 28)**

8) *Que remarquons-nous aux* **versets 21 et 22** *?*

« Israël partit » Ce n'est pas Jacob qui part, qui dresse sa tente, mais Israël ! Et cela change tout, car l'initiative est inscrite dans ce plan de bénédiction que l'Eternel lui confia.

Israël se met en marche, même si Jacob n'est jamais très loin ; mais l'œuvre de Dieu progresse dans la vie de cet homme.

Quel homme prend les initiatives pour notre marche ? Le Jacob, sentimental ? Ou Israël, l'homme spirituel, celui qui est conduit par l'Esprit de Dieu ?

9) *Quelle signification spirituelle se dégage **du verset 27** ?*

« Jacob arriva auprès d'Isaac, son père,… »
C'est Israël qui est parti, mais c'est Jacob qui est arrivé !
L'homme spirituel, celui qui est visité, rempli de l'Esprit, est celui qui part, qui avance, qui marche. *« Dieu s'est élevé au-dessus de lui »,* il l'a élevé, lui donnant cette énergie pour vivre pleinement pour son Dieu, sans crainte ni doute.

Mais qui est celui qui arrive ? Bien souvent, trop souvent c'est Jacob que nous retrouvons, l'homme avec ses émotions, ses sentiments ! C'est Jacob retrouvant son père, sa famille !

Que de vies chrétiennes se sont élancées dans leurs destinées, avec foi, enthousiasme ! Et ces mêmes vies nous les retrouvons avec un autre regard sur l'œuvre de Dieu, sur la foi, sur le désir de rendre témoignage ; Jacob semble être de retour, avec ses émotions et ses pensées humaines, manquant de discernement.

12

Jacob face à l'épreuve

Lecture : Genèse 37

1) *Que témoigne le verset 1?*

Demeurer dans le pays de son père, témoigne qu'il fut interpellé par sa conduite et qu'il désire suivre ses traces. Dieu étant le Dieu d'Abraham, d'Isaac et de Jacob. Ces trois noms étant souvent nommés dans la Bible pour encourager les enfants de Dieu. A Moïse le Seigneur se révèlera en ces termes : « *Et il ajouta : Je suis le Dieu de ton père, le Dieu d'Abraham, le Dieu d'Isaac et le Dieu de Jacob.* » **(Exode 3 v 4)**
Jésus reprendra cette expression en **(Marc 12 v 26)**.

Il est ce maillon qui doit s'attacher à cette chaîne du plan divin, pour la construction d'une nation et d'un peuple qui lui appartiennent parmi les autres nations.

Chacun de nous, un maillon de cette grande chaîne forgée par le Christ à Golgotha, et qui doit s'allonger encore et se consolider jusqu'au retour de Jésus.

Nos pères se sont attachés au Seigneur, par leur piété, leur zèle et leur détermination, en nous invitant à suivre leurs traces et à « demeurer » dans ce pays de la consécration, de la foi et de l'amour.

2) *Que nous révèlent les versets parlant de la postérité d'Asaü cha-pitre 36) et les versets mentionnant celle de Jacob **chapitre 35 verset 23 et chapitre 37 versets 2 et suivants** ?*
Quel enseignement ressort de ces lectures pour nous chrétiens ?

Que la généalogie d'Esaü est beaucoup plus fournie que celle de Jacob, puisque tout un chapitre lui est consacré, alors que quelques versets suffisent pour résumer les descendants de Jacob ; les noms de ses fils qui constitueront les tribus d'Israël.

Ce qui est important c'est d'inscrire par nos vies le principal ; ce qui constitue notre capital spirituel.

Ce que nous sommes dans ce monde, tout ce que nous possédons, n'ont pas grande valeur aux yeux de Dieu ; en tout cas ne rentrent pas dans la comptabilité céleste.

3) *Comment expliquer le comportement d'Israël vis-à-vis de Joseph ?*
versets 3 et 4
Et qu'a t-il engendré ?

« *Israël aimait Joseph plus que tous ses autres fils,…* »

Avait-il perçu chez ce fils quelque chose de particulier, qu'il ne pouvait pas encore comprendre, mais qui le portait vers lui plus que vers les autres ?
Certainement ; mais son attitude est maladroite, et va pousser ses autres fils à le haïr.
Nous devons avoir du discernement concernant certaines situations délicates ; de ne pas se précipiter à afficher ce que nous ressentons, car tous ne sont pas forcément convaincus de notre point de vue.
Et ce texte dénonce également qu'au sein d'une même famille, il ne faut jamais faire des différences qui engendrent obligatoirement des conflits.

4) *Quelle est pour nous la valeur de ces songes révélés à Joseph, puis transmis à Jacob ainsi qu'à ses autres fils ?*
Que nous rappelle l'attitude de Jacob face à ces songes ?
Versets 5 à 11

Que Dieu se révèle par sa Parole, mais il peut aussi le faire par des songes. Il faut alors toute la grâce de Dieu pour les interpréter, et qu'ils s'intègrent dans le plan de Dieu pour notre vie ou notre famille, ou l'Eglise locale.
Au temps du prophète Daniel, Dieu se révéla à Nébucadnetsar par des songes, et seul le prophète lui donna l'explication : « *…Mais il y a dans les cieux un Dieu qui révèlent les secrets,… Voici ton songe…* » **(Daniel 2 v 28)**
Aujourd'hui encore ce moyen existe, mais c'est avec beaucoup de prudence et de sagesse qu'il faut agir dans ce cas.
« *Dans les derniers jours, dit Dieu, je répandrai de mon Esprit sur toute chair ; vos fils et vos filles prophétiseront, vos jeunes gens auront des visions, et vos vieillards auront des songes.* » **(Actes 2 v 17)**

Le manque de maturité de Joseph explique ce comportement, quand il raconte ses songes.
Quand à Jacob, il « *gardait le souvenir de ces choses* », comme s'il ressentait qu'un évènement grand et glorieux se préparait, mais dont il ignorait encore la dimension et la portée.

Et ce texte, nous renvoie dans l'Evangile de **(Luc 2 v 51),** concernant Marie la mère de Jésus : « *Sa mère gardait toutes ces choses dans son cœur.* »

Comme Jacob, elle ressentait, que quelque chose de grand et merveilleux se préparait, par la venue de son fils, et plus tard par son ministère, et la croix du calvaire ; selon la révélation prophétique que lui fit Siméon. **(Luc 2 v 34 et 35)**

5) *Quelle image spirituelle nous transmet Israël ?* **versets 13 et 14**

C'est l'image d'un père et d'un berger qui prend soin de ses fils et de ses troupeaux.

Sommes-nous « Israël » par notre intérêt envers les autres ?

Prendre soin du troupeau, *« voir s'il est en bon état »* c'est prendre soin de notre propre vie spirituelle, qui à elle seule représente ce troupeau, où chaque brebis peut correspondre, soit à la prière, la foi, l'amour…etc.

6) *Comment expliquer la réaction de Jacob devant la tunique ensanglantée de Joseph ?*
Et pourquoi est-il inconsolable ? **Versets 33 à 35**

Dieu ne lui avait-il pas promis la bénédiction ? Comment accepter une telle situation ?

Bien des situations nous échappent, il semblerait même que Dieu nous a oubliés, oublié ses promesses ; c'est alors un moment difficile, où nous crions au plus profond de notre âme : « Pourquoi ? »

Et si Jacob est inconsolable, c'est qu'il voit tous ses espoirs s'envoler, avec ces songes, qu'il gardait précieusement au plus profond de son cœur, lui donnant d'espérer de grandes choses pour lui, sa famille et tout son peuple.

Certaines promesses sont gravées dans nos cœurs, scellées et qui nous propulsent vers l'avant.

Mais arrive l'imprévu, et l'incompréhension s'installe, nous déstabilisant dans notre vie spirituelle, ébranlant notre foi.

Restons confiants, car Dieu ne se trompe jamais et il ne trompe pas non plus ses enfants qu'il a sauvés, et qu'il veut conduire toujours plus loin.

Ecoutons ce que dit le prophète **(Habakuk 2 v 3)** : « *Car c'est une prophétie dont le temps est déjà fixé, elle marche vers son terme, et elle ne mentira pas ; si elle tarde, attends-la, car elle s'accomplira, elle s'accomplira certainement.* »

Espérance

Espère malgré tout,

Sa grâce sera là

Pas de crainte surtout,

Évangile du Roi.

Reste sur tes genoux,

Attends-le par la foi

Ne vois-tu pas ses clous !

Christ a payé pour toi.

Espère jusqu'au bout.

Lecture : Paul aux Romains 4 v 18 :

Espérant contre toute espérance, il crut et devint ainsi le père d'un nombre de nations…

13

L'épreuve se poursuit !

Pour bien comprendre les réactions ou les comportements de Jacob (et d'Israël), il est important de relire l'histoire de Joseph en Egypte à travers (**les chapitres 39, 40, 41, 42, 43,44 et 45**)

Lecture : Genèse 42 et 43 :

1) *Quelle est la portée spirituelle **des versets 1 et 2**, et quels enseignements pour nous ?*

Qu'il ne faut pas attendre que la bénédiction nous tombe du ciel systématiquement, mais mettre tout en œuvre pour se l'approprier.

« *Et moi je vous dis : Demandez, et l'on vous donnera ; cherchez, et vous trouverez ; frappez et l'on vous ouvrira. Car quiconque demande reçoit, celui qui cherche trouve, et l'on ouvre à celui qui frappe.* » Paroles de Jésus, rapportées par (**Luc 11 v 9 à 11**)

Et Jacob est loin de penser qu'en envoyant ses fils en Egypte, il participe et anticipe à une bénédiction bien plus grande que celle de recevoir du blé, puisqu'il ira lui-même et qu'il retrouvera son fils Joseph.

Dieu veut nous bénir bien au-delà de ce que nous demandons, et qualifions de nécessaire ; lui il veut nous combler.

« *Or, à celui qui peut faire, par la puissance qui agit en nous, infiniment au-delà de tout ce que nous demandons ou pensons, à lui soit la gloire dans l'Eglise et en Jésus-Christ,…* » (**Ephésiens 3 v 20 et 21**)

2) *Que nous témoignent les **derniers versets** de ce chapitre ?*

Que l'épreuve semble s'acharner sur lui : Siméon est resté en Egypte, pour lui, Joseph est mort, et maintenant on lui demande Benjamin !
Jacob se fige, se bloque et refuse ce plan.
Qu'il est difficile, pénible de faire face à certaines situations qui nous échappent, nous dépassent, parce qu'elles ne rentrent pas dans notre conception des choses.
Dieu avait son plan pour Jacob, Joseph et toute cette famille, et il l'accomplira, en faisant passer Jacob au creuset.

Laissons Dieu agir ! Il a son plan, qui est le bon plan, même s'il nous dépasse, nous blesse. Il fait toute chose en fonction de ce que nous sommes, pour que nous devenions ce que lui il veut !

3) *Quelle leçon spirituelle à méditer par* **les versets 1 et 2 du chapitre 43 ?**

« *Retournez, achetez-nous un peu de vivre.* »

La vie avec Dieu, c'est cette continuité dans la recherche de la grâce divine. Peut-être faut-il que nous retournions dans le secret du Père pour lui demander de nous renouveler, car nos forces s'épuisent ?

4) *En comparant* **les versets 36 à 38 du chapitre 42 avec les versets 1 à 14 du chapitre 43** *; que remarquons-nous ?*

C'est Israël qui réagit, car Juda ne s'adresse pas à Jacob mais bien à Israël : « *Juda dit à Israël...* » **(v 8)** et au **(v 11)** : « *Israël, leur père, leur dit : Puisqu'il le faut, faites ceci. Prenez...* »
Jacob n'avait pas la force de prendre cette décision, mais Israël si !
Dans nos décisions à prendre, laissons le spirituel prendre les décisions, car le Jacob qui est en nous est trompeur, décevant et faible !

5) *Que nous montre* **le verset 14 du chapitre 43 ?**

Il cède ! Quelle différence avec le chapitre précédent, ou Jacob s'oppose à laisser partir Benjamin !
Bien des choses sont irréalisables pour nous aujourd'hui, mais demain, plus tard, quand « Israël » sera assez fort, nous pourrons accepter, ce qui maintenant est impossible.
La vie avec Dieu est un cheminement, et petit à petit comme avec Jacob, le Seigneur nous façonne, comme l'argile entre les mains du potier : « *Je descendis dans la maison du potier, et voici, il travaillait sur un tour. Le vase qu'il faisait ne réussit pas, comme il arrive à l'argile dans la main du potier ; il en refit un autre vase, tel qu'il trouva bon de le faire.* » **(Jérémie 18 v 3 et 4)**
Jacob était dans de bonnes mains, et le vase réussira ! Comme nous, ne nous décourageons pas, nous sommes entre les mains du divin potier.

14

Prêt à partir !

Lecture : Genèse 45, 46 et 47 :

1) *Que nous révèlent **les derniers versets du chapitre 45** concernant l'attitude de Jacob recevant cette bonne nouvelle (Joseph est vivant !) Et comment expliquer ce brusque changement ?*

Dans un premier temps, à cette nouvelle, il est écrit le concernant : « *Mais le cœur de Jacob resta froid, parce qu'il ne les croyait pas.* » **(v 26)**

Puis il est écrit : « *C'est alors que l'esprit de Jacob, leur père, se ranima ; et Israël dit : C'est assez ! Joseph, mon fils, vit encore ! J'irai, et je le verrai avant que je meure.* » **(v 27 et 28)**

Quand notre esprit se ranime par la Parole de Dieu ou d'une visitation du Saint-Esprit, le Jacob passe le relais à Israël, et comme cet homme, nous sommes poussés à aller de l'avant, parce que notre foi prend les commandes.

C'est l'homme de l'Esprit qui réduit au silence l'homme des sentiments.

Pierre était incapable d'honorer ses engagements envers le Seigneur, son reniement nous rappelle l'homme charnel et sentimental paralysé et vaincu. **(Luc 22 v 61)** Mais après la Pentecôte, c'est l'homme rempli de l'Esprit, qui ne se laisse pas intimider par aucune menace, comme nous le lisons dans le livre des **(Actes 4 v 19)**.

2) *Que nous enseigne **le verset 1 du chapitre 46** ?*

« *Israël partit, avec tout ce qui lui appartenait.* »

Il était impossible à Jacob de partir, de quitter son territoire, mais Israël lui, il le peut. Et il part avec tout, il part vers l'inconnu, mais il part, sans rien laisser derrière lui ; comme son ancêtre Abraham, qui lui aussi obéit et partit sans savoir où il allait, mais faisant confiance à celui qui lui parlait. Il avait confiance en son Dieu.

Notre appel à suivre le Seigneur, et à prendre une direction toute particulière pour notre vie, ne peuvent être acceptés que par l'homme rempli de l'Esprit.

3) *Que pouvons-nous retenir **des versets 2 à 7 de ce même chapitre ?***

Dieu appel Jacob dans une vision, l'homme sentimental, le père de famille, mais c'est Israël qui répond : « *Me voici !* »

Qui répondra à l'appel du Seigneur ? Jacob ou Israël ?
Dieu attend des réponses spontanées comme Israël ou encore comme Samuel lorsque l'Eternel l'appela : « *Samuel, Samuel ! Et Samuel répondit : «Parle, car ton serviteur écoute.* » **(1 Samuel 3 v 10)**
Alors qu'Eli le sacrificateur n'entend plus la voix du Seigneur, lui le jeune Samuel l'entend et y répond positivement.
Moïse aura le même comportement en répondant à Dieu comme Jacob : « *Me voici !* » **(Exode 3 v 4)**

4) *Au regard du face à face de Jacob et Pharaon : Quel enseignement s'en dégage ?* **chapitre 47 versets 7 à 10**

Sa réponse est pleine de bon sens et de vérité, quand il considère sa longue vie vécue en tant que nomade, et sa véritable vie, celle de son cœur, de son âme. L'une est longue, l'autre a été courte et mauvaise.
Notre vie ne dépend pas de nos longues années passées dans ce monde, mais plutôt de celles que nous avons vécues avec Dieu, avec sa Parole.
Nous commençons réellement à vivre pleinement, le jour où Dieu en prend tout le contrôle et que nous nous laissons conduire par son Esprit.

5) *Que nous montre **le verset 27 de ce chapitre 47 ?***

« *Israël habita dans le pays d'Egypte,...* »
Et au verset suivant il est écrit : « *Jacob vécut dix sept ans dans le pays d'Egypte ;...* »
Il y a dans la pensée du mot « *habiter* », celle de se fixer, de s'installer, s'établir.
Pour le mot « *vécu* », c'est la pensée de vivre, voir revivre.
L'homme de Dieu, rempli de l'Esprit « *habite* », demeure dans les choses spirituelles, et la Bible l'affirme que c'est la clé de la victoire.
« *Heureux ceux qui habitent ta maison ! Ils peuvent te célébrer encore.* » **(Psaume 84 v 5)**
« *Celui qui demeure sous l'abri du Très-Haut repose à l'ombre du Tout-Puissant.* » **(Psaume 91 v 1)**

Quand à « vivre, ou revivre », c'est l'expression de celui qui possède une chose, ou une propriété, sans réaliser tout le potentiel qu'y s'en dégage.

Trop souvent nous vivons à la « Jacob », nous vivons des expériences avec Dieu, nous sommes heureux de ce que nous possédons en Christ, mais nous ne réalisons pas toute la portée et la signification d'une telle vie : *« Vous avez tout pleinement en lui, qui est le chef de toute domination et de toute autorité. »* **(Ephésiens 2 v 10)**

Ne nous contentons pas de « vivre » seulement en Dieu et pour lui, mais par la foi « habitons », installons-nous, fixons-nous dans le terreau divin, et soyons également habités et remplis par l'Esprit du Seigneur.

6) *Quelle est la valeur spirituelle, au regard de Jacob et d'Israël, dans les derniers versets de ce chapitre 47 ?*

C'est désormais le nom *« d'Israël »* qui domine, qui prend les initiatives, concernant l'avenir de tout un peuple issu de ses reins, et la dernière phrase de ce chapitre, nous décrit un homme spirituel qui : *«... Se prosterna sur le chevet de son lit. »*

Voila l'homme que Dieu a façonné, et qui ne ressemble plus ou peu à celui qui fuyait Esaü, ou vivant chez Laban. C'est un homme de prière, humble et prenant conscience de sa responsabilité en tant que père de cette nation, qui dès à présent se dessine et prenant forme, pour devenir ce peuple qui a marqué l'histoire, et qui le fait encore aujourd'hui : C'est le peuple d'Israël !

Tendons à nous rapprocher de l'homme spirituel, qui ne dépend que de Dieu, ou comme Paul le dira : *« J'ai été crucifié avec Christ ; et si je vis, ce n'est plus moi qui vis, c'est Christ qui vit en moi ; si je vis maintenant dans la chair, je vis dans la foi au fils de Dieu, qui m'a aimé et qui s'est livré lui-même pour moi. »* **(Galates 2 v 20)**

« Un jour quelqu'un frappa à la porte de Martin Luther : « Martin Luther habite t-il bien ici ? Et la réponse fut assez étonnante : « Martin Luther est mort, c'est Jésus-Christ qui maintenant habite ici ! »

Et cette question à se poser : Le Saint-Esprit est-il le résident ou le président de mon cœur ?

15

Vivre par et pour la bénédiction

Lecture : Genèse 48, 49 et 50 :

1) *Quel enseignement nous est donné **dans les deux premiers versets de ce chapitre ?***

C'est « *Jacob* » qui est averti, mais c'est « *Israël* » qui rassemble ses forces !
Notre force vient de notre vie intérieure, de notre âme qui s'est donnée au Seigneur, c'est bien elle qui doit se nourrir, pour acquérir cette force de surmonter toutes difficultés.
Israël rassemble ses forces, pour que Jacob puisse aller jusqu'au bout, malgré son âge et sa fatigue.
« *C'est pourquoi nous ne perdons pas courage. Et même si notre homme extérieur se détruit, notre homme intérieur se renouvelle de jour en jour.* » **(2 Corinthiens 4 v 16)**
Et aux **Éphésiens** Paul les encourage à se renouveler : « *Afin qu'il vous donne, selon la richesse de sa gloire, d'être puissamment fortifiés par son Esprit dans l'homme intérieur, en sorte que Christ habite dans vos cœurs par la foi ;…* » **(3 v 16)**
Israël n'est pas seulement « *assis sur son lit* », mais assis sur les promesses de Dieu. Assis dans une position de foi, d'assurance.
La Bible déclare que nous sommes assis en Christ dans les lieux célestes. **(Éphésiens 2 v 6).**

2) *En lisant **ce chapitre 48** que remarquons-nous concernant les noms : **De Jacob et d'Israël ?***
Que nous dévoile ainsi cette lecture, et quelles instructions devons-nous retirer ?

C'est Israël qui regarde les fils de Joseph, c'est encore lui qui désire les bénir ; oui ! C'est lui qui prend la place, qui agit comme un exemple, devant son fils et ses petits fils.
Quel regard portons-nous sur les autres, sur nos frères et sœurs, ou encore sur toutes ces personnes que nous rencontrons ?

Est-ce le regard naturel, ou le regard spirituel, le même regard que Dieu pose sur eux ?

3) *Quelle force se dégage du* **verset 2 du chapitre 49** *?*

C'est Jacob qui rassemble ses fils, c'est sa responsabilité que de parler de Dieu, en tant que père.

Mais celui qui va parler, c'est le père, mais le père rempli de Dieu, de foi et de son Esprit, pour donner une parole venant d'en haut.

En tant que parents et grands-parents nous devons rassembler nos enfants et petits enfants autour de la présence de Dieu ; mais c'est l'homme ou la femme rempli du Saint-Esprit qui doit parler, enseigner, encourager et exhorter.

4) *Quelle est la valeur spirituelle* **de ce chapitre sur « les bénédictions prophétiques de Jacob »** *?*
Et que peuvent représenter pour nous « les fils d'Israël » ?

Cette bénédiction décrit l'identité des fils d'Israël, ainsi que leurs destinés, et toutes leurs capacités, à faire prévaloir tout au long de leur vie.

Ces fils d'Israël, donnent une description de l'Eglise de Jésus-Christ, composée de croyants avec des valeurs et compétences différentes ; mais qui seront réunis tous ensemble au pays de la promesse, chacun dans sa tribu, mais ensemble ils formeront le peuple d'Israël, et nous le corps de Christ.

5) *Que nous montre la fin de la vie de Jacob ?*
(Lire les derniers versets du chapitre 49 et le début du chapitre 50)
« Lorsque Jacob eut achevé de donner ses ordres à ses fils, il retira ses pieds dans le lit, il expira,... »
« ...Et les médecins embaumèrent Israël. »

C'est Jacob qui expire, mais c'est Israël qui est embaumé.
C'est donc cette dernière image qu'il laissera à sa postérité : Le visage D'Israël.

Conclusion

Que laisserons-nous à la postérité, à nos enfants ? De quel visage se souviendront-t-ils ?

Laisserons-nous l'image d'un Jacob, aimant Dieu, mais vivant de combines et d'artifices pour arriver à ses fins ?

Ou pire ! Un Esaü, sans scrupule, sans vie avec Dieu, ne vivant que de la terre et des choses de ce bas monde ?

Que chacun de nous vive une vie pleine de Dieu, de foi, d'amour ; une vie qui interpelle, qui encourage.

Que ce soit ce visage là, qui soit le nôtre et dont la postérité en reparlera, comme d'un exemple, à l'image de ces témoins cités en **(Hébreux 12 v 1)** : *« Nous donc aussi, puisque nous sommes environnés d'une si grande nuée de témoins, rejetons tout fardeau, et le péché qui nous enveloppe si facilement, et courons avec persévérance dans la carrière qui nous est ouverte, ayant les regards sur Jésus, qui suscite la foi et la mène à la perfection ;... »*

La chair et l'Esprit

Je me suis converti,
Et depuis c'est la guerre ;
Car je veux que l'Esprit,
Puisse dominer la chair.

                Comment être vainqueur,
                Dans mes situations ?
                L'ennemi, le menteur,
                Pousse à la tentation.

Je suis bien disposé,
Pour plaire à mon seigneur
Mais souvent entraîné,
Par le monde extérieur.

                Beaucoup d'invitations,
                Pour les choses futiles !
                Peu de consécration,
                Qui semble difficile !

C'est un impératif.
L'Esprit doit triompher
Et que par mes motifs,
La chair soit détrônée

                Je veux être rempli
                Pour écraser la chair ;
                Et par le Saint-Esprit,
                Pas d'autres choix à faire.

La Parole qui le dit,
C'est au moi de se taire
Car pour nous c'est écrit :
Pour vaincre l'adversaire.

Partage

Et

Réflexions Bibliques

2) L'ascension du pèlerin

Les Psaumes des degrés

Ou des montées

(Références bibliques de la Bible, version revue en 1975 de Louis Segond)

Avant-propos

Ces quinze Psaumes, étaient chantés lors des grandes fêtes, qui amenaient les pèlerins à Jérusalem, et ceux-ci correspondant aux quinze degrés (marches) que comptait le temple.

« Psaumes des montées » selon certaines versions, et qui nous offrent une vaste étendue dans l'enseignement, que le croyant d'aujourd'hui, peut interpréter pour sa propre vie.
 « *Entretenez-vous par des Psaumes, des hymnes, et par des cantiques spirituels, chantant de tout votre cœur les louanges du Seigneur.* »
(Ephésiens 5 v 19)

N'avons-nous pas envie d'aller « *Plus loin et plus haut avec Dieu* » ?
Ces quinze Psaumes nous propulsent vers cette montée vers Dieu, vers cette intimité toujours plus grande, et si importante pour chaque croyant.

Nous nous placerons tout en bas des marches, et nous les gravirons, marche par marche, vers cette ascension spirituelle.
Quinze marches à monter, quinze étapes dans notre cheminement avec Dieu.

Nous partirons sur un Psaume de tristesse, de détresse, puis nous monterons, pour arriver à la joie, à la louange et l'adoration.
Avec notre Dieu il y a toujours les « cantiques des montées » à notre disposition, car avec lui, nous sommes encouragés toujours plus, vers ses hauteurs.

2.1

Etat de détresse

Psaume 120 :

1) *Sur quelle base le psalmiste commence t-il son pèlerinage ?*
« *Dans ma détresse, c'est à l'Eternel que je crie, et il m'exauce.* »
Verset 1

Sur une prière, qui prend racine dans sa détresse.

Notre marche n'est-elle pas parfois arrêtée, paralysée, bloquée, impossible d'aller plus loin ? Mais par la prière, nous avons un moyen de faire exploser les rochers qui encombrent notre route et de nous redonner la force de se dégager des pièges tendus sous nos pas.

« *Pour moi, j'aurais recours à Dieu, et c'est à Dieu que j'exposerais ma cause.* » **(Job 5 v 8)**

Job n'avait pas d'autre possibilité, il était comme ce pèlerin sans force, sans ressource humaine, mais pas sans secours, car il connaissait son Dieu.

Si nous devions écrire un Psaume en ce jour, peut-être certains écriraient les mêmes mots décrits dans ces premiers versets. Mais écriraient-ils aussi la prière de la foi, celle qui nous propulse vers l'avant, nous donnant suffisamment d'énergie pour sortir de cette impasse ?

2) *Quelle semble être la nature de son combat ?*

C'est le mensonge, la tromperie ! Le travail destructeur de la langue : « *La lèvre mensongère, de la langue trompeuse !* » **Jacques** dans sa lettre adressée aux croyants en parle en ces quelques mots : « *La langue aussi est un feu ; c'est le monde de l'iniquité.* » **(3 v 6)** et au **(v9)**, il ajoute : « *Par elle nous bénissons le Seigneur notre Père, et par elle nous maudissons les hommes faits à l'image de Dieu.* »

En effet que de dégâts causés par la langue, et que de tristesses engendrées par ce venin !

Hélas dans les Eglises, nous pouvons nous retrouver comme l'homme du **Psaume 120**, victimes de ces paroles mauvaises, à la ressemblance de ce que décrit le **(v4)** : « *Les traits aigus du guerrier, avec les charbons ardents du genêt.* »

Ne soyons jamais de ceux qui apportent de telles paroles, car ce serait un frein pour notre vie avec Dieu, et pour celui qui pourrait en être la victime.

3) *Que peut-il ressentir, quand il s'exprime par les **versets 5, 6 et 7** ?*

Qu'il n'est pas à sa place ! « *Malheureux que je suis de séjourner à Méschec, d'habiter parmi les tentes de Kédar !* »

Lot l'a réalisé, et certainement regretté d'avoir convoité les plaines de Sodome et Gomorrhe **(Genèse 13 v 10 à 13)**, car l'apôtre Pierre le mentionne dans **(2 Pierre 2 v 8)** : « *Car ce juste, qui habitait au milieu d'eux, tourmentait journellement son âme juste à cause de qu'il voyait et entendait de leurs œuvres criminelles ;…* » Et c'est bien encore la prière qui le sauva, et le fit échapper à la mort ; celle d'Abraham **(Genèse 18 v 22)**

C'est la prière qui nous fera sortir de nos situations négatives, sombres, à l'image de Kédar *(sombre)* qui nous habitent, que nous habitons, dans lesquelles nous séjournons ; situations qui nous paralysent, et nous freinent dans cette montée vers le Seigneur.

4) *Que nous enseigne **le dernier verset** de ce Psaume ?*

« *Mais dès que je parle, ils sont pour la guerre.* »

Que notre langage de foi, d'amour pour le Seigneur se heurte à l'hostilité, et dès lors où nous rendons témoignage, nous amenons sur nous le rejet et parfois hélas bien plus.

Il nous suffit d'aller à la rencontre de la première Eglise, et de retrouver le même état d'esprit, avec un langage emprunt d'opposition.

« *Et les ayant appelés, ils leur défendirent absolument de parler et d'enseigner au nom de Jésus. Pierre et Jean leur répondirent : Jugez s'il est juste, devant Dieu, de vous obéir plutôt qu'à Dieu ; car nous ne pouvons pas ne pas parler de ce que nous avons vu et entendu.* » **(Actes 4 v 18 à 20)**

Ces hommes n'auraient pas connu cette opposition, s'ils n'avaient pas parlé du Seigneur, et Etienne n'aurait pas été lapidé, si lui aussi, n'avait pas répondu à l'appel de Dieu. **(Actes 7 v 54)** : « *En entendant ces paroles, ils étaient furieux dans leur cœur, et ils grinçaient les dents contre lui.* »

Mais comme notre pèlerin, prions, crions à Dieu et poursuivons notre ascension spirituelle, appuyés et fortifiés par les paroles mêmes du Seigneur : « *Vous aurez des tribulations dans le monde ; mais prenez courage, j'ai vaincu le monde.* » **(Jean 16 v 33)**

2.2

Il reprend la marche

Psaume 121 :

1) *En quoi le psalmiste a-t-il modifié son comportement ?*

C'est qu'il lève les yeux, ceux-ci étaient figés sur sa situation ; les yeux vers le bas. Il a réussi à lever son regard ; attitude difficile en période d'épreuves. Où nos yeux sont-ils abaissés ? Dans la tristesse, le découragement, voir le désespoir ?
Un appel pour chacun d'entre nous, comme le dit **(Esaïe 40 v 26)** : « *Levez vos yeux en haut et regardez !* »

2) *Quels sont justement les quatre regards du pèlerin ?*

« *Je lève les yeux vers les montagnes* » **verset 1**
Premier regard, l'humain, ce qui frappe les yeux, qui aveugle, qui décourage, qui est parfois trompeur comme le dit les Ecritures : « *Ne prends point garde à son apparence et à la hauteur de sa taille, car je l'ai rejeté. L'Eternel ne considère pas ce que l'homme considère ; l'homme regarde à ce qui frappe les yeux, mais l'Eternel regarde au cœur.* » **(1 Samuel 16 v 7)**
Mais pour notre homme c'est surtout un regard vers ces montagnes, qui semblent l'écraser, comme une épreuve insurmontable ; mais il passe à un autre regard.

« *D'où me viendra le secours ?* »
Second regard, celui de l'être intérieur, qui cherche, qui interroge. Regard terrible de conséquences pour l'incroyant, car ce regard ne fait qu'assombrir la situation, ne pouvant voir ni entrevoir de sortie. Mais ce regard devient rassurant pour l'enfant de Dieu, car il est très vite orienté vers un autre regard.

« *Le secours me vient de l'Eternel, qui a fait les cieux et la terre.* » **verset 2**
Troisième regard, celui qui voit au-delà des montagnes, qui les ignore, parce que celui-ci regarde vers le Seigneur, qui possède puissance et autorité. Il est conjugué au présent, par ces mots : «*Celui qui te garde…* » **verset 3**

Puis un autre regard, il voit vers l'avenir, avec paix et sérénité, lui permettant de poursuivre sa marche, sa montée.

« L'Eternel te gardera… » **verset 7**

Ce quatrième regard, c'est le regard vers le futur, qui peut ralentir notre progression, tant l'avenir est si incertain, pour ceux qui nous entourent, et qui parfois nous contaminent, par leur pessimisme.

Comme le psalmiste, portons ce regard de foi vers notre avenir, comme pouvait le dire David : *«Mes destinées sont dans ta main ;… »*
(Psaume 31 v 16) Cet homme si secoué, trahi par ses proches, pourchassé parfois, mais toujours les yeux fixés sur le Seigneur.

Soyons assurés de la présence du Seigneur, même dans les moments les plus délicats ; il sera là, et ne nous abandonnera jamais ! Alors courage ! Et en avant vers la victoire !

3) *Il y a un verbe dans ce Psaume qui devrait nous réjouir !*

C'est le verbe « garder » ! Employé cinq fois dans ce court Psaume. Et nous pouvons traduire : « L'Eternel sera ton gardien », pendant que tu dors, lui, il te « garde », parce qu'il ne sommeille ni ne dort !

Il te garde, et te gardera : « Ton âme sera gardée et protégée par le Seigneur »

Quand tu devras te déplacer : « Il te gardera, dès ton départ, jusqu'à ton arrivée ! »

Il te gardera de tout mal, comme le décrit le **(Psaume 91 v 10)** : *« Aucun malheur ne t'arrivera, aucun fléau n'approchera de ta tente. »*

Il te protègera du soleil brûlant de l'épreuve, et te mettra à l'ombre, et quand la nuit sera sur ta vie, il sera toujours là ; c'est une promesse et un engagement de la part du Seigneur.

Mes yeux vers lui

Mes yeux levés vers les hauteurs,
Je soupire après le secours
Pour repousser peines et peurs,
A la prière moi j'ai recours.

Ma voix s'élève vers le ciel,
Implorant le Dieu Tout-Puissant
Que jamais mon pied ne chancelle,
Je veux marcher, pur, triomphant.

Il se tient toujours éveillé,
Protégeant ainsi le croyant
Alors fini de m'inquiéter,
Car son message est rassurant.

Si le soleil frappe à midi,
Auprès de lui je suis à l'ombre
Même les terreurs de la nuit,
Sont terrassées malgré leur nombre.

De tout mal il me gardera,
A la maison comme en voyage
Toujours il me protègera,
Le temps de mon pèlerinage.

2.3

Les yeux fixés sur l'objectif

Psaume 122 :

1) *Quelle pensée principale se dégage de ce Psaume ?*

« *Je suis dans la joie quand on me dit : Allons à la maison de l'Eternel !* »

Le bonheur pour David ; aller à la maison de l'Eternel, et l'on ressent que cette joie lui communique force et détermination. Dans d'autres Psaumes, il témoigne de ce bonheur : « *Et j'habiterai dans la maison de l'Eternel jusqu'à la fin de mes jours.* » **(Psaume 23 v 6)**

Pour lui, ce n'est pas une formalité occasionnelle, mais une pensée permanente qui l'habite.

Dans le **(Psaume 26 v 8)** : « *Eternel ! J'aime le séjour de ta maison, le lieu où ta gloire habite.* » Ces mots sont écrits dans un contexte de persécution et de prière ; mais toujours en relation avec la maison de Seigneur.

Et cette pensée, il la communique aux autres, les invitant à vivre cette glorieuse réalité : « *A l'ombre de tes ailes les fils de l'homme cherchent un refuge. Ils se rassaient de l'abondance de ta maison.* » **(Psaume 36 v 8 et 9)**

C'est pour David sa ressource, pour vivre dans la volonté divine, et surmonter l'adversité sans broncher ; et le **(Psaume 27 v 4)** témoigne de cette réalité dans sa vie : « *Je demande à l'Eternel une chose, que je désire ardemment : Je voudrais habiter toute ma vie dans la maison de l'Eternel, pour contempler la magnificence de l'Eternel et pour admirer son temple.* »

Prenons conscience comme David, de l'importance de la maison de Dieu, car c'est là qu'il se manifeste d'une manière particulière envers son peuple, par sa Parole, et par la manifestation du Saint-Esprit.

2) *Quelle interprétation pour nous par le* **verset 2** *?*

« *Nos pieds s'arrêtent dans tes portes, Jérusalem !* »

« Les pèlerins », car le psalmiste parle désormais au pluriel, il est tourné vers les autres, qui comme lui, possèdent la même envie, le même désir : « Être près de Dieu » ; l'objectif de leur mission !

Ils ne devaient pas aller au-delà de Jérusalem, mais jusqu'à Jérusalem. Une dimension spirituelle à atteindre et à conserver.

Telle doit être pour nous aussi, notre démarche, et notre objectif : « Que nos pieds s'arrêtent, et demeurent dans la pensée biblique, sans aller au-delà, en y mêlant philosophie, tradition, religion ou tout autre démarche qui prendraient leurs sources hors de la Parole de Dieu. »

3) *Que nous enseignent ces quelques mots du **verset 3** ?*

« *Jérusalem, tu es bâtie comme une ville dont les parties sont liées ensemble.* »

Et le verset suivant nous mentionne les tribus de l'Eternel, qui justement montent ensemble à Jérusalem ; et pourtant si différentes les unes des autres, mais complémentaires et chacune ayant sa place au sein de ce peuple d'Israël.

La pensée de l'Eglise nous vient à l'esprit, et nous renvoie dans le livre des Actes des apôtres, où justement nous découvrons, ce désir de vivre : « liés et ensemble », malgré leurs différences, les chrétiens ont démontré que c'est ainsi que Dieu se manifeste avec puissance pour délivrer, sauver et guérir.

« *Le jour de la Pentecôte, ils étaient tous ensemble dans le même lieu.* » **(Actes 2 v 1),** et la suite nous dévoile une démonstration de la puissance du Saint-Esprit, survenant sur tous les croyants réunis.

Dans **(Actes 5 v 12)**, il est écrit, qu'il se faisait beaucoup de miracles et de prodiges au milieu du peuple par les mains des apôtres. Mais la suite nous révèle le fondement, de cette manifestation : « *Ils se tenaient tous ensemble au portique de Salomon,... »*

C'est ainsi que cette Eglise a marqué sa génération, et demeure l'exemple pour l'Eglise d'aujourd'hui.

4) *Quel mot donne la tonalité de ce Psaume ?*

A trois reprises le mot « paix », vient interpeler le pèlerin qui monte au temple de Jérusalem.

Ce mot devient pour chaque pèlerin que nous sommes, son bâton.

Nous le nommerons : « le bâton du pèlerin ».

Les premiers chrétiens l'ont adopté pour la marche de l'Eglise ; ils s'appuyaient sur ce bâton de la paix, et Dieu se manifestait pour la croissance de l'Eglise, car il est écrit : « *L'Eglise était en paix dans toute la Judée, la Galilée… et elle s'accroissait par l'assistance du Saint-Esprit.* » **(Actes 9 v 31)**

Jésus nous a laissé ce « bâton », par ses paroles données aux disciples : « *Je vous laisse la paix, je vous donne ma paix.* » **(Jean 14 v 27)**

L'avons-nous toujours ce « bâton » ? Il nous est indispensable, pour gravir le chemin de la foi, chemin difficile, accidenté.

Seule la paix de Dieu peut nous maintenir dans cette montée spirituelle.

La paix

Tu fais parler de toi,
Sur tous les continents.
Les princes et les rois,
T'attendent depuis longtemps.
On te sait très fragile,
Et souvent menacée ;
Des accords difficiles ;
Te voilà apeurée.

La guerre te contrarie,
Et modifie tous tes plans ;
Sur la terre trop de vies,
S'apparentent avec sang.
Tu restes alors cachée,
Comme au creux d'un rocher ;
Espérant, mais en vain,
Qu'on se tienne par la main.

Mais j'ai trouvé tes traces,
Dans celles de Jésus-Christ.
Là, est bien ta place,
C'est lui qui nous l'a dit.
Et comme tu viens de Dieu,
C'est la paix véritable ;
Pour chacun et pour ceux,
Qui veulent qu'elle soit durable.
Celle-ci nous est donnée,
Sans devoir l'acheter ;
A nous de la garder,
De la communiquer.

2.4

Un autre regard

Psaume 123 :

> **1)** *Que remarquons-nous dans le comportement du pèlerin en comparaison du Psaume 121 ?*

Au **Psaume 121**, c'est le regard de Dieu sur lui ; c'est encore lui qui l'entoure, le protège.
Ce **Psaume 123**, est différent par le regard que porte maintenant le pèlerin ; son comportement a changé ; suite certainement à sa montée à la maison de l'Eternel.
Il lève ses yeux, non plus vers les montagnes, mais bien vers le Seigneur.
Dieu a, et aura toujours son regard sur ses enfants ; mais notre maturité spirituelle doit nous amener à fixer nos regards sur lui, comme des serviteurs et servantes. **(v2)**
N'avons-nous pas placé trop souvent le Seigneur dans une position de serviteur, quand nous lui demandons : « *Fais ceci ou cela ; donne moi, Seigneur j'ai besoin…etc.* » ? Et le Seigneur dans sa grâce et sa bonté nous a accordé ses bienfaits. Mais ne perdons jamais de vue, qu'il est le Seigneur et le Maître, et nous ses disciples, appelés à le servir en nous attendant à lui, car il est fidèle.

> **2)** *Que témoigne cette phrase : « Ainsi nos yeux se tournent vers l'Eternel, notre Dieu,… » ?* **verset 2**

Pour le pèlerin, c'est une position de dépendance et de foi ; quoiqu'il arrive, il sait que Dieu sera là, et qu'il agira.
Que de fois nos yeux sont fixés, sur nos montagnes, sur ce qui nous paralyse. Mais la preuve que nous « *montons* », c'est quand nos yeux sont dirigés vers le Seigneur.
Que vois-tu en ce jour ? Ce que voyait le serviteur d'Elysée : « *Une troupe qui entourait la ville..* » ? **(2 Rois 6 v 15)**
Mais les yeux d'Elysée voyaient au-delà de cette troupe et de ces chevaux et chars, il voyait, en levant ses yeux vers celui qui siège dans les cieux : « *…la montagne pleine de chevaux et de chars de feu…* » **(v 17)** ; et c'est ce que vit ensuite son serviteur.

3) *Que montre cette phrase ? : « Jusqu'à ce qu'il est pitié de nous. »*
Verset 2

Une notion de persévérance apparaît, qui témoigne de la détermination des pèlerins.
La persévérance est un signe de la maturité grandissante du croyant, qui ne se laisse pas décourager, ni par les circonstances, ni surtout par le temps qui passe. Il sait, et c'est pour cela qu'il ne lâche rien, que Dieu agira, selon ses promesses, et qu'il doit demander, et demander encore « *jusqu'à* » l'exaucement.
Pour la promesse faite aux disciples concernant la puissance du Saint-Esprit qu'ils devaient recevoir, Jésus leur fera cette recommandation : « *Et voici j'enverrai sur vous ce que mon Père a promis ; mais vous restez dans la ville jusqu'à ce que vous soyez revêtus de la puissance d'en haut.* »
(Luc 24 v 49)
Ils l'ont fait, ils l'ont reçu !
Le ferons-nous ? « *Jusqu'à* » ce que le Seigneur nous remplisse de son Esprit ?
Sommes-nous prêts à poursuivre le combat, la lutte, la prière, « *jusqu'à* », ce que le ciel s'ouvre, que les malades soient guéris, que des hommes et des femmes, ainsi que des jeunes gens connaissent le salut en Jésus-Christ ?

2.5

Le secours vient de Dieu !

Psaume 124 :

1) *Que veut nous enseigner David, par* **les versets 1 et 2** *?*

« Sans l'Eternel qui nous protégea,...»

Qu'au fur et à mesure de sa marche, il fait ce constat : « que sans Dieu, il est dépourvu, et incapable de s'en sortir par lui-même »
Que sans l'aide divine, nous sommes sans moyens appropriés, pour trouver une solution adaptée et durable : *« Car sans moi vous ne pouvez rien faire. »* **(Jean 15 v 5)**
L'expérience, ni les années ne peuvent remplacer la main de Dieu ; et de capituler pour laisser le Seigneur agir n'est nullement un signe d'immaturité, bien au contraire ! Car chercher la solution en Dieu, nous grandi, nous rassure, et nous permet d'éviter bien des soucis.

2) *« Qu'Israël le dise !... » Quelle est la portée de cette phrase ?*

Que ce peuple devait prendre conscience de cette réalité, et le dire, se le redire, pour que cela reste gravé dans sa mémoire, et qu'il n'a pas à redouter les assauts de l'adversaire, car son Dieu, est son protecteur, comme il aime à le rappeler : *« Une femme oublie-t-elle l'enfant qu'elle allaite ? N'a-t-elle pas pitié du fruit de ses entrailles ? Quand elle l'oublierait, moi je ne t'oublierai point. Voici, je t'ai gravé sur mes mains ; tes murs sont toujours devant mes yeux. »* **(Esaïe 49 v 15 et 16)**
Que les chrétiens se le disent ; son Seigneur ne les oubliera jamais, et qu'en tout temps il sera présent pour les protéger, peu importe les temps et les circonstances : *« Ne crains point, petit troupeau ; car votre Père a trouvé bon de vous donner le royaume. »* **(Luc 12 v 32)**
Et dans d'autres circonstances, Jésus rassurera ses disciples, en leur demandant de faire confiance à leur Père céleste
« Qu'Israël le dise ! »
Que ce message soit entendu, message extraordinaire ; Dieu est avec tous ceux qui se confient en lui, et même dans l'Ancienne Alliance, nous découvrons l'action divine, en bénédiction pour des hommes et des femmes qui

pourtant étaient étrangers à cette Alliance ; Rahab la prostituée, en est un exemple.

Mais nous les croyants de la Nouvelle Alliance, qui avons rencontré Jésus-Christ, expérimenté sa présence, sa puissance et sa grâce ; pouvons-nous restés muets, alors qu'autour de nous tant de personnes sont en recherche de la vérité et de la délivrance ?

> 3) « *Alors les eaux nous auraient submergés, les torrents auraient passé sur notre âme ; alors auraient passé sur notre âme les flots impétueux.* » **versets 4 et 5**

Quel bonheur pour le pèlerin, qui imagine sa vie sans Dieu ; une vie qui submergée, par les torrents du mal, et dont l'âme aurait été noyée dans les pleurs et le désarroi !

Courage pèlerin, continue ton chemin, poursuis ta montée vers le Seigneur, car tu possèdes ce privilège de lui appartenir !

> 4) « *Notre âme s'est échappée comme l'oiseau du filet des oiseleurs ; le filet s'est rompu, et nous nous sommes échappés.* » **verset 7**

L'âme du pèlerin est libre comme l'oiseau, elle est faite pour vivre dans les sphères célestes, et l'attitude de foi et de prière, fait rompre ce filet, pour recouvrer la liberté.

Ne nous laissons pas prendre dans les filets de l'adversaire, ni de ce monde ; des filets tendus, pour emprisonner nos âmes, et nous priver ainsi de la vie de Christ ; une vie de liberté.

Par la prière, la foi, et la louange, nous sommes assurés de sortir de nos filets qui ne pourront résister à ces forces que le Seigneur nous a laissées.

« *Notre secours est dans le nom de l'Eternel,...* »

Que le nom de Jésus-Christ soit sans cesse l'objet de nos pensées et le sujet de nos paroles ; alors notre marche se poursuivra, et nul ne pourra nous arrêter.

« *Je m'écrie : Loué soit l'Eternel ! Et je suis délivré de mes ennemis.* »
(2 Samuel 22 v 4)

Mon secours

Je tends mes mains vers lui, il est là mon secours !
C'est bien lui qui l'a dit : Avec vous tous les jours
Je tends mon oreille, qu'il me parle, me rassure
Pour marcher ici-bas, d'un bon pas, d'un pas sûr.

J'entends la voix de Dieu, à travers sa Parole
Ses promesses sont pour moi, ses écrits me consolent
J'entends ses mots d'amour, ils réchauffent mon cœur
Et mon âme le loue : Ô mon libérateur !

J'attends la délivrance, par le nom de Jésus
Jamais il n'a menti ! Jamais il n'a déçu !
J'attends dans le silence, j'ai repoussé mes peurs
Peu importe le temps, je sortirai vainqueur.

Lecture : Lamentations de Jérémie 3 v 21 à 23 :

Voici ce que je veux repasser en mon cœur,
Ce qui me donnera de l'espérance :
Les bontés de l'Eternel ne sont pas épuisées,
Ses compassions ne sont pas à leur terme ;
Elles se renouvellent chaque matin.
Oh ! Que ta fidélité est grande !

2.6

Une attitude de confiance

Psaume 125 :

1) *Quelle est le fondement de ce Psaume ?*

« Ceux qui se confient en l'Eternel sont comme la montagne de Sion : Elle ne chancelle point, elle est affermie pour toujours. » **verset 1**

C'est la confiance, sans réserve envers Dieu, qui assure au pèlerin cette stabilité, face à toute épreuve.
Il nous est impossible de garder le cap, si nous n'avons pas ou plus cette pleine assurance de la présence de Dieu, à tous les niveaux de notre vie ; spirituelle, physique, familiale, et également sur le plan matériel.

2) *Et nous, les enfants de Dieu, nous sommes semblables à quoi, ou à qui ?*

A une montagne, qui ne se laisse pas impressionnée, et qui demeure ferme ?
Ou à un arbre planté, enraciné dans le terreau de la Parole de Dieu ?
Une maison bâtie sur le roc ?
C'est pourtant ainsi que devraient être nos vies en Christ, nous propulsant en avant, peu importe le temps et les circonstances.

Mais nos vies peuvent décliner une autre version, comme nous le dit **(Jacques 1 v 6)** : *Celui qui doute est semblable au flot de la mer, agité par le vent et poussé de côté et d'autre. Qu'un tel homme ne s'imagine pas qu'il recevra quelque chose du Seigneur : C'est un homme irrésolu, inconstant dans toutes ses voies.*

3) *« Des montagnes entourent Jérusalem ; ainsi l'Eternel entoure son peuple. »* **verset 2**
   Quels noms donner à ces montagnes qui nous entourent ?

Ce texte prouve que la protection divine est digne de confiance, et quelle est suffisante pour l'enfant de Dieu.

Le Seigneur entoure ses enfants comme aime à le rappeler David au **(Psaume 5 v 13) :** « *Car tu bénis le juste, ô Eternel ! Tu l'entoures de ta grâce comme d'un bouclier.* » Quel merveilleux encouragement, quand les flèches de l'adversaire se déchaînent sur ses enfants, le bouclier de la grâce opère pour les protéger !

Et ce même homme poursuit avec cette expérience personnelle, qu'il raconte au **(Psaume 139 v 5)** : *Tu m'entoures par derrière et par devant, et tu mets ta main sur moi.* »

« L'adversité, ne pourra me surprendre, tu seras là ! Et en face de moi, même si le lion rugit, tu seras toujours là ! »

« *Car le sceptre de la méchanceté ne restera pas sur le lot des justes...* »
Verset 3

Le juste pourra poursuivre sa route, sa montée, car son Dieu veille sur lui !

4) *Attention ! Ne pas s'engager dans des voies détournées !* **verset 5**

Ce danger existe pour l'enfant de Dieu, de prendre sa volonté pour celle de son Seigneur, et de s'engager sur un chemin qui ne serait pas celui qui lui est destiné.

« *Ils prennent des sentiers détournés : Quiconque y marche ne connaît point la paix.* » **(Esaïe 59 v 8)**

Paul s'étonnait du comportement des **(Galates 1 v 6)** : Et il leur disait ces paroles : « *Je m'étonne que vous vous détourniez si promptement de celui qui vous a appelés par la grâce de Christ, pour passer à un autre évangile.* »

La marche en avant de ces chrétiens était freinée, voir arrêtée, parce qu'ils avaient pris un chemin détourné.

Et à **(Timothée 1 v 6),** il l'appelait à la vigilance, en mentionnant les conséquences de quitter les voies du Seigneur : « *Quelques-uns, s'étant détournés de ces choses, (Amour, bonne conscience et foi) se sont égarés dans de vains discours...* »

Pèlerin ! En avant, mais sur le chemin qu'il a tracé ; pas sur celui de l'homme !

2.7

Le pèlerin et les captifs

Psaume 126 :

1) *Que nous enseigne **le verset 1** ?*

« Quand l'Eternel ramena les captifs de Sion, nous étions comme ceux qui font un rêve »

Ce rêve qui devient réalité, quand le Dieu de la Bible prend en main la cause de ceux qui souffrent et qui aspirent à la délivrance.

Ce Psaume place le pèlerin dans le souvenir de la sortie d'Egypte, de tout un peuple et l'amène à se réjouir de cette réalité.

Oh ! Combien en ce jour, en ce moment chaque enfant de Dieu, peut élever son âme vers son libérateur, en remerciement de l'action du Christ pour sa vie, et de dire avec le psalmiste : *« Alors notre bouche était remplie de joie, et notre langue de chants d'allégresse... »*

La force et le désir d'aller de l'avant sont étroitement liés, à l'action de grâces, et à la louange. Perdre de vue sa délivrance, c'est perdre l'essence-même de notre marche vers l'avant.

2) *« L'Eternel a fait pour nous de grandes choses ; nous sommes dans la joie. »* **verset 3**
Et pour nous ?

Prendre conscience, que ce que Dieu a fait pour nous ; c'est grand, beau et merveilleux !

Paul l'avait compris, et toute sa vie, malgré les attaques de l'adversaire, de certaines circonstances négatives, était imprégnée de cette « joie », qu'il savait manifester même derrière les barreaux de sa prison : *« Vers le milieu de la nuit, Paul et Silas priaient et chantaient les louanges de Dieu... »* **(Actes 16 v 25)**

Aussi était-il crédible, quand s'adressant aux **Philippiens** il leur disait, et en le répétant : *« Réjouissez-vous toujours dans le Seigneur ; je le répète, réjouissez-vous. »* **(4 v 4)**

3) *Quel message pour nous au **verset 4** ?*
« *Eternel, ramène nos captifs…* »

La prière, et le désir des enfants de Dieu de voir tous ceux qui vivent dans la souffrance, le désespoir, sans avenir, se tourner vers le Dieu libérateur.
« Seigneur ramène nos captifs, touche leur cœur par ta Parole, par l'Esprit, et qu'ils expérimentent, ce que nous vivons aujourd'hui, la paix et la joie du salut ! »

4) *Les chrétiens sont-ils concernés par **les versets 5 et 6** ?*

« *Semer avec larmes* » avant de moissonner avec chants d'allégresse.
« *Marcher en pleurant en portant la semence* » avant de revenir avec allégresse en portant ses gerbes.

C'est là notre réalité, que l'on ne peut pas moissonner sans avoir semé ! Ni de porter des gerbes, si nous n'avons pas porté la semence !
« *A cause du froid, le paresseux ne laboure pas ; à la moisson, il voudrait récolter, mais il n'y a rien.* » **(Proverbes 20 v 4)**
Que l'œuvre de Dieu, se réalise bien souvent dans la douleur et les pleurs, car nous nous heurtons à l'opposition de l'adversaire, des hommes et du monde.
« *Vous aurez des tribulations dans le monde ; mais prenez courage, j'ai vaincu le monde.* » **(Jean 16 v 33)**

Paul encourageait les chrétiens, en leur communiquant ces paroles :
« *…Afin que personne ne soit ébranlé au milieu des afflictions présentes ; car vous savez vous-mêmes que nous sommes destinés à cela.* »
(1 Thessaloniciens 3 v 3)
L'accepter sans broncher, c'est un signe d'une progression dans notre marche de pèlerin.
« *Mes bien-aimés, ne trouvez pas étrange d'être dans la fournaise de l'épreuve, comme s'il vous arrivait quelque chose d'extraordinaire.* »
(1 Pierre 4 v 12)

2.8

Dieu le maître d'œuvre

Psaume 127 :

1) *Qui bâtit la maison ?* **verset 1**

Le danger qui menace tout enfant de Dieu, c'est de prendre des initiatives avec le temps, sous couvert de l'expérience de toutes ces années de marche avec le Seigneur, et de ne plus réaliser que c'est nous qui dirigeons la construction, et que Dieu devient ouvrier avec nous ; alors que la Bible déclare par la bouche de Paul : « *Car nous sommes ouvriers avec Dieu.* » **(1 Corinthiens 3 v 9)**

Aussi, de travailler pour l'œuvre de Dieu, n'est pas toujours un signe de maturité spirituelle ; mais de faire un bilan pour considérer qui est le maître d'œuvre ! C'est Dieu ou moi ?

Si c'est lui, alors *« Notre travail ne sera pas vain dans le Seigneur »*, comme Paul le disait, encourageant les chrétiens à œuvrer par la foi, avec fermeté, étant inébranlables. **(1 Corinthiens 15 v 58)**

Par contre si nous bâtissons selon nos plans, notre volonté, ce travail sera vain comme nous le dit ce Psaume.

2) *Comment interpréter ce* **verset 2** *? : « Il en donne autant à ses bien-aimés pendant leur sommeil. »*

Que les enfants de Dieu, peuvent se reposer en toute confiance, sachant que leur Père céleste veille sur eux, et sur tous leurs besoins, comme l'a expérimenté David, quand il dit : « *Je me couche, et je m'endors ; je me réveille, car l'Eternel est mon soutien. Je ne crains pas les milliers de personnes qui m'assiègent de toutes parts.* » **(Psaume 4 v 6 et 7)**

Et **(Esaïe 41 v 10)** : « *Ne crains rien, car je suis avec toi ; ne promène pas des regards inquiets, car je suis ton Dieu…* »

C'est donc un état normal pour le chrétien que de se reposer sur son Seigneur ; mais cela ne doit pas se traduire par l'oisiveté, attendant que Dieu fasse tout ! Faisons ce que nous à faire, comme il est écrit à la fin du **(Psaume 126)** et le Seigneur agira pour nous.

3) *Il y a-t-il une relation entre la première partie de ce Psaume, et la seconde ?*

La seconde partie parle de la maisonnée, avec les enfants, signe de bénédiction.
La première parle de bâtir, avec ou sans Dieu.
Quand nous travaillons avec Dieu, qu'il est l'architecte, et que nous suivons ses plans ; alors la maison se dresse, la maison familiale, professionnelle ; la maison de notre cœur ! Et celle-ci est construite pour accueillir la vie.
Que de vies chrétiennes stériles, parce que la maison est l'œuvre humaine !

Les deux maisons

Ta vie est une maison, à toi de la bâtir ;
De la meilleure façon, vaut mieux bien réfléchir.
Choisir un bon terrain, c'est la première démarche ;
Tu dois être certain, là où sera sa place.

Prends garde que le sable, attirant de ce monde,
La rende très instable, et que les flots l'inondent.
Refuser d'écouter, ces recommandations,
C'est mettre en danger, sa propre construction.

C'est Christ ; le seul rocher ; pour des sûres fondations.
Il faut, chercher, creuser, pour son implantation.
Construire sur du solide, de tous ; c'est le désir ;
Avec Jésus comme guide, tu pourras la finir.

Et face à tous les vents, ta maison tiendra bon ;
Et même les ouragans, n'auront jamais raison.

2.9

Le pèlerin fidèle

<u>Psaume 128 :</u>

   1) *Quels sont les mots clés qui assurent la bénédiction ?*

*« Heureux tout homme qui **craint** l'Eternel, qui **marche dans ses voies** ! »*
Verset 1

   Le premier mot qui apparaît dès le début de la lecture, c'est : *« Craindre »*, il nous décrit un homme qui vit plus près de son Dieu, et qui progresse dans son cheminement.
   Il fut accolé à la vie d'Abraham, et l'accompagna durant son pèlerinage, jusqu'à accepter de donner son fils : *« Car je sais maintenant que tu crains Dieu, et que tu n'as pas refusé ton fils, ton unique. »* **(Genèse 22 v 12)** et quelques versets plus loin **(15)** : *« Parce que tu as fait cela, et que tu n'as pas refusé ton fils, ton unique, je te bénirai et je multiplierai ta postérité… »*
   Cette crainte est respectueuse de la volonté de Dieu ; c'est la soumission du croyant et son obéissance sans limite.
   « Craignez l'Eternel, vous tous ses saints ! Car rien ne manque à ceux qui le craignent. » **(Psaume 34 v 10)**
   David pouvait affirmer : *« Je ne manquerai de rien »*, car Dieu était son berger, mais aussi par la crainte qu'il avait de son Seigneur.

   Le second mot est étroitement lié au premier, qui pousse justement à *« marcher »*, mais à marcher dans ses voies, comme nous l'avons évoqué dans le **(Psaume 125).**
   La marche de l'enfant de Dieu, est animée par cette crainte respectueuse, et ce désir de plaire et d'obéir à celui qui l'a sorti de la perdition.

   2) *Quels sont les autres mots qui découlent du **verset 1** et qui décrivent la bénédiction ?*

*« Tu **jouis** alors du travail de tes mains »*, Tu en profites, tu en es le bénéficiaire.

Nous ne devons pas calculer quand nous œuvrons pour le Seigneur, que ce soit sans arrières pensées ; mais il plaît à Dieu ne nous accorder sa bénédiction également dans le domaine matériel.

« *Tu es **heureux*** » Oui c'est une joie que de servir le Seigneur, et de vivre de ses grâces et de ses bienfaits.

L'enfant de Dieu est heureux, parce que ses péchés sont pardonnés, qu'il sait que Dieu veille sur lui, et qu'il est appelé à expérimenter sa présence et sa puissance.

« *Tu **prospères*** ». L'apôtre Jean en s'adressant à Gaïus, lui parla en ces mots : « *Bien-aimé, je souhaite que tu prospères à tous égards et sois en bonne santé, comme prospère l'état de ton âme.* » **(3 Jean v 2)**

Cherchons avant toutes autres choses, notre prospérité spirituelle !

« *Comme une vigne **féconde*** » Nous avons à ce sujet des paroles de Jésus, parlant de la vigne et de la nécessité impérieuse de porter du fruit : « *Celui qui demeure en moi et en qui je demeure porte beaucoup de fruit, car sans moi vous ne pouvez rien faire.* » **(Jean 15 v 5)**

«*Ta femme, tes fils…* » Le résultat et les conséquences bénis, liés à la vie consacrée du pèlerin ; toute la famille est bénie, parce qu'un homme met tout en œuvre pour vivre selon le cœur et la volonté de Dieu.

Il est important pour chaque enfant de Dieu de chercher à vivre pleinement sa foi et son obéissance à Christ ; sa famille sera visitée et bénie, et sa postérité interpellée.

3) *Que nous indique le **verset 5** ?* «*L'Eternel te bénira de Sion, et tu verras le bonheur de Jérusalem…* »

Notre vie de piété, aura une influence sur la communauté des croyants, comme elle avait autrefois pour le bonheur et la paix de Jérusalem.

2.10

Le pèlerin opprimé

Psaume 129 :

1) *Comment expliquer le changement brutal avec le Psaume précédent ?*
« *Ils m'ont assez opprimé dès ma jeunesse,…* » **Verset 1**

Quand le peuple de Dieu se lève pour le servir, avec foi, détermination, et qu'il est béni, alors il arrive que l'adversité se déchaîne contre lui.

Nous en avons la démonstration dans le livre des Actes des apôtres, où l'Eglise, ne ménage pas ses efforts, pour prier, chasser les démons, et annoncer le merveilleux message de l'Evangile. Suite à cela, elle est attaquée, traquée et persécutée : « *Il y eut, ce jour-là, une grande persécution contre l'Eglise de Jérusalem…* » **(Actes 8 v 1)** et quelques temps après, au **(chapitre 12 v 1)** : « *Vers le même temps, le roi Hérode se mit à maltraiter quelques membres de l'Eglise…* »

L'apôtre Pierre exhortait les chrétiens à rester fermes malgré l'opposition, et à regarder Christ comme notre exemple face à la souffrance et à l'opposition : « *Christ aussi a souffert pour vous, vous laissant un exemple, afin que vous suiviez ses traces…*» **(1 Pierre 2 v 21)**

2) *Quel précieux encouragement nous révèle le verset 2 ?*

« *…Mais ils ne m'ont pas vaincu.* »

Secoué, opprimé, rejeté, persécuté ! C'est le lot du peuple de Dieu, mais ce verset est là pour confirmer, que son Seigneur ne permettra pas à l'adversaire de l'anéantir. Notre Père céleste prend et prendra soin de ses enfants. Le **(Psaume 91 v 3)** : « *Car c'est lui qui te délivre du filet de l'oiseleur, de la peste et de ses ravages.* » et l'ensemble de ce Psaume nous décrit cette proximité, et cette attention toute particulière pour celui et celle qui se sont confiés en lui.

3) *Comment interpréter ce **verset 4** ? « Il a coupé les cordes des méchants »*

Dieu peut permettre un temps de persécutions, d'épreuves, et ce temps il s'en servira pour nous façonner, mais il ne nous abandonnera jamais, et en son temps, il coupera les cordes et nous délivrera.

Souvenons-nous de l'histoire de Job, comment l'adversaire s'acharnait sur lui, sa famille, cherchant par tous les moyens, à l'anéantir ; mais Dieu veillait, et contrôlait la situation, et un jour il a coupé les cordes pour libérer cet homme et le bénir à nouveau.

Il en sera de même pour chacun de nous ; parfois nous ne comprenons pas, et nous sommes avec nos questions, nos doutes, pensant que le Seigneur nous a oubliés. Non ! Le Seigneur n'oublie pas ses enfants.

4) *Que faire face à la méchanceté, qui s'abat sur le peuple de Dieu ?*

Réaliser avant tout, que derrière ces méchants, ces individus, il y a la puissance du mal, de l'adversaire, et comme le dit la Parole du Seigneur : « *Car nous n'avons pas à lutter contre la chair et le sang, mais contre les dominations, contre les autorités, contre les princes de ce monde de ténèbres, contre les esprits méchants dans les lieux célestes.* » **(Ephésiens 6 v 12)**

Et il nous invite justement, à prendre toutes les armes de Dieu, afin de pouvoir résister dans le mauvais jour, et à tenir ferme.

C'est une marque de maturité, quand le chrétien prend conscience que le méchant n'est pas l'homme ni la femme, mais que le diable s'en sert pour nous atteindre.

2.11

L'attente du pèlerin

Psaume 130 :

1) *Que met en relief ce Psaume ?*

« *Du fond de l'abîme je t'invoque, ô Eternel ! Seigneur écoute ma voix !* »
Versets 1 et 2

La prière, et la supplication, naissantes du fond de son abîme de souffrance.

C'est un cri qui monte vers Dieu, et pour surmonter cette épreuve le pèlerin découvre ce moyen extraordinaire pour contrer son mal, et recevoir suffisamment de réconfort pour poursuivre sa route.

C'est dans les moments de profondes tristesses, et d'épreuves que nous découvrons, ce que nous n'avons pas toujours utilisé : La prière qui sort du plus profond de notre âme, comme un cri de détresse ; l'histoire de Jonas nous l'illustre si bien, quand il est avalé par le poisson et qu'il crie vers son Dieu : « *Dans ma détresse, j'ai invoqué l'Eternel, et il m'a exaucé...* »
(Jonas 2 v 2)

La souffrance, comme toutes les épreuves qui s'abattent sur nos vies, sont les pédagogues, qui nous enseignent la puissance de la prière.

Au **(Psaume 50 v 15)**, nous avons encore une invitation à la prière, quand la détresse nous empoigne, et voudrait nous éloigner du Seigneur, il nous encourage par ces mots : « *Et invoque-moi au jour de la détresse ; je te délivrerai, et tu me glorifieras.* »

2) « *Si tu gardais le souvenir des iniquités, Eternel, Seigneur qui pourrait subsister ?* »
Comment vivre pleinement **ce verset 3 ?**

Cela semble simple et acquis, que Dieu nous a pardonnés en Jésus-Christ ; et c'est bien ce que nous vivons par sa grâce merveilleuse.

Pourtant, il arrive que la réalité soit en décalage, et que certains enfants de Dieu, traînent, encore le poids de la culpabilité, n'arrivant pas à se pardonner eux-mêmes, alors que Dieu a tout effacé.

Une telle attitude, freine la marche victorieuse, et alourdit les pas du pèlerin.

« Déchargez-vous sur lui de tous vos soucis, car lui-même prend soin de vous. » **(1 Pierre 5 v 7)**

La culpabilité, qui s'installe ; un souci rongeant l'âme.

Aussi prenons note et appliquons ce que dit le Saint-Esprit aux **(Hébreux 12 v 1)** : *« Rejetons tout fardeau, et le péché qui nous enveloppe si facilement, et courons avec persévérance dans la carrière qui nous est ouverte… »*

Telle doit être la démarche du pèlerin qui désire courir vers le but, cette carrière qui lui est ouverte en Jésus-Christ.

> 3) *« Mon âme compte sur le Seigneur, plus que les gardes ne comptent sur le matin… »* **verset 6**
> En parlant de son âme, que nous révèle le psalmiste ?

Que sa force, comme sa faiblesse sont sous le commandement de son âme. Elle doit donc faire l'objet de toute son attention, pour prétendre à la victoire au sein même de ses combats.

Aussi Jésus parlant à ses disciples leur dira : *« Ne craignez pas ceux qui tuent le corps et qui ne peuvent tuer l'âme ; craignez plutôt celui qui peut faire périr l'âme et le corps dans la géhenne. »* **(Mathieu 10 v 28)**

Comme ce pèlerin qui monte vers Jérusalem, avec comme désir de glorifier son Dieu, en se souciant de son âme ; veillons sur notre âme, confions-la au Seigneur, ce sera notre force pendant notre pèlerinage.

Notre âme ne peut se passer de la présence de Dieu, de sa Parole et du Saint-Esprit. Voila sa nourriture !

> 4) *« Israël mets ton espoir en l'Eternel ! »* **verset 7**

Peuple de Dieu ! Ta force et ta victoire sont en Dieu ! C'est la prière du psalmiste, qui s'étend au peuple entier.

Un autre signe de maturité : Le pèlerin considère le bien être des autres, de tout le peuple, en s'oubliant lui-même.

2.12

Le repos du pèlerin

Psaume 131 :

1) *Que nous enseigne son contenu?*

Un abandon total entre les mains de Dieu !
Plus de prières, de supplications ! Maintenant c'est le repos auprès de son Père céleste.
Il y a un temps pour tout, un temps pour la prière, la supplication, puis ce temps devant Dieu, comme un enfant auprès de sa mère.
Attitude difficile, et qui demande une force d'âme pour surmonter les épreuves, les incompréhensions, et les injustices sans douter de l'intervention divine.
« *Il est bon d'attendre en silence le secours de l'Eternel.* » **(Lamentations de Jérémie 3 v 26)**

2) « *Eternel ! Je n'ai ni un cœur qui s'enfle, ni des regards hautains...* » *Que témoigne cette attitude ?*

D'un homme qui donne par son attitude un visage d'humilité, signe de sa grandeur d'âme.
Le cœur peut vite s'enflammer par le feu de l'orgueil, de sa propre suffisance, et de son expérience. Que pour nous enfants de Dieu, qu'il reste humble, par l'amour : « *L'amour est patient, il est plein de bonté ; l'amour n'est point envieux ; l'amour ne se vante point, il ne s'enfle point d'orgueil...* » **(1 Corinthiens 13 v 4)**
Et ces regards hautains ! ne témoignent-ils pas de l'orgueil, d'une certaine supériorité ?
Comportements étrangers pour un enfant de Dieu, qui veut vivre dans sa présence et sa dépendance.

3) « *Je ne m'occupe pas de choses trop grandes et trop élevées pour moi.* »
Et nous ?

Quelle est notre position et nos ambitions ?

Ne sommes-nous pas tentés parfois de nous lancer dans certaines entreprises, qui en réalité font plutôt l'objet de notre convoitise, (même spirituelle) que de servir pour l'œuvre de Dieu ?

C'est au Seigneur que doit revenir la distribution des tâches, car il est le seul capable de considérer nos capacités, et comme il le dit dans les Evangiles, sous forme de parabole : « *Mais lorsque tu seras invité, va te mettre à la dernière place, afin que, quand celui qui t'a invité viendra, il te dise : Mon ami, monte plus haut. Alors cela te fera honneur devant tous ceux qui seront à table avec toi.* » **(Luc 14 v 8)**

> **4)** « *J'ai l'âme calme et tranquille, comme un enfant sevré qui est auprès de sa mère..* » **verset 2**
> Comment va notre âme ?

Oh ! Si notre âme pouvait chaque jour, et en chaque circonstance, se tenir tranquille, auprès de son Dieu !

Quelle victoire alors sera la nôtre ! Et le Seigneur ne serait plus retardé par notre agitation, notre manque de foi.

L'âme calme et tranquille, c'est l'enfant qui se laisse conduire, porté et qui ne se soucie pas pour le lendemain, sachant que celui qui nourrit les oiseaux, saura pouvoir à tous ses besoins.

Voila celui qui est grand devant Dieu, ou plus exactement celui qui grandit à ses yeux.

« *C'est pourquoi, quiconque se rendra humble comme ce petit enfant sera le plus grand dans le royaume des cieux.* » **(Mathieu 18 v 4)**

Enfance

Que reste-t-il de mon enfance ?
Bien des histoires, des souvenirs,
Quand je marchais dans l'insouciance,
Sans penser aux jours à venir.

Pas de soucis, ni de tracas,
C'était simplement le présent
Car dans ma vie point d'embarras,
J'avais confiance en mes parents.

Je me couchais bien fatigué,
Dans ce bon lit qui m'attendait
L'âme tranquille et rassurée,
Par ce baiser qu'elle me donnait.

Tout près de moi, elle était là,
O ! La présence d'une maman !
Lorsque m'entourant de ses bras,
Je souriais en m'endormant.

Je me savais bien protégé,
Par ce héros qu'était mon père !
Il ne pouvait rien m'arriver,
Ni par le vent, ni le tonnerre.

Depuis longtemps, ils sont partis,
Mais j'ai conservé ces images
Et aujourd'hui par Jésus-Christ
Je peux revivre ce message.

A ces côtés comme un enfant,
Dans le secret tout lui confier
Il a promis d'être présent,
Pourquoi devrai-je m'inquiéter ?

2.13

Le pèlerin et la maison de Dieu

Psaume 132 :

    1) *Que nous révèle le **verset 1** ?*

    « Eternel, souviens-toi de David, de toutes ses peines ! »

Le psalmiste veut s'assurer que Dieu n'a pas oublié son travail et toutes ses peines.

Quand nous œuvrons pour le Seigneur, ce côté humain apparaît, avoir la certitude qu'il a pris connaissance de notre travail. Comme si Dieu pouvait ou voulait ignorer ce que nous faisons ou avons fait.

« Ainsi mes frères bien-aimés, soyez fermes, inébranlables, travaillant de mieux en mieux à l'œuvre du Seigneur, sachant que votre travail ne sera pas vain dans le Seigneur. » **(1 Corinthiens 15 v 58)**

Dans les lettres aux sept Eglises, le Seigneur fait le bilan de leurs activités, et la vérité est mise à la lumière ; certaines reçoivent des encouragements à poursuivre le travail : *« Je connais tes œuvres, ton travail, et ta persévérance. »* **(Apocalypse 2 v 2)**

Mais pour d'autres le bilan est mitigé, voir négatif : *« Je connais tes œuvres. Je sais que tu passes pour être vivant, (adressé à l'ange de l'Église) et tu es mort. »* **(3 v 1)**

    2) *Quelle était la priorité du psalmiste ?*
       Et pour nous ?

S'occuper avant toute chose, de la gloire de Dieu, de le mettre en premier dans sa vie, et dans celle du peuple d'Israël.

« Je n'entrerai pas dans la tente où j'habite, je ne monterai pas sur le lit où je me repose, je ne donnerai ni sommeil à mes yeux... Jusqu'à ce que j'ai trouvé un lieu pour l'Eternel... » **versets 3 à 5**

Rien d'autre ne comptait pour lui, il repoussait ses propres intérêts, *« Jusqu'à »*

Nos affaires, peuvent prendre beaucoup de place, voir trop de place, nous amenant à oublier le principal objectif de notre pèlerinage dans ce monde : Chercher d'abord le Royaume de Dieu et sa justice.

Le prophète **(Aggée 1 v 4)** rappellera au peuple de Dieu, ses priorités par ces mots : « *Est-ce le temps pour vous d'habiter vos demeures lambrissées, quand cette maison est détruite ?* »

Ce monde prend de notre temps de notre argent, et nous devons être sur nos gardes, afin de ne pas gaspiller les talents qui nous ont été confiés, et de prendre conscience qu'il n'y a pas d'autre priorité, que celle de la maison de Dieu.

3)   *Quelle suite Dieu donne t-il à cet engagement de David ?*

Des promesses pour lui et sa descendance : « *Je mettrai sur ton trône un fruit de tes entrailles…seront assis sur ton trône.* » **versets 11 et 12**

Ainsi son trône est affermi, et cela se traduit par, son autorité est affermie, et stabilisée.

Dans le nom de Jésus nous possédons une autorité, contre les puissances du mal et de l'enfer ; et cette autorité est affermie par notre disponibilité à vivre pour Dieu.

Ensuite le Seigneur annonce des bénédictions à venir : « *Je bénirai sa nourriture, je rassasierai de pain les indigents ; je revêtirai de salut ses sacrificateurs, et ses fidèles pousseront des cris de joie. Là j'élèverai la puissance de David* » **versets 15 à 18**

Il y a des bénédictions pour l'enfant de Dieu, promises par le Seigneur. Peut-être sommes-nous en attente de celles-ci ; quand Dieu lui aussi attend notre engagement et notre disponibilité pour lui !

Et la fin de ce Psaume met en évidence l'échec de l'ennemi, qui ne peut ternir la couronne de David, car cet homme s'est consacré pour l'œuvre de son Dieu.

L'adversaire ne peut atteindre le croyant qui s'investit pour le royaume de Dieu.

C'est ainsi que le pèlerin grandit dans sa vie et par elle, oubliant sa propre existence, pour se consacrer à sa vocation céleste en Jésus-Christ.

2.14

Le pèlerin et ses frères !

Psaume 133 :

Introduction

Le pèlerin arrive à la maison de Dieu, après avoir gravi toutes ses marches. Quelle joie pour lui de retrouver ses frères qui eux aussi on marché pour arriver dans ce lieu si merveilleux de la présence de Dieu.
Et là réunis tous ensemble, ils vont être bénis dans la présence du Seigneur.

1) *Quelle devrait être pour nous la portée du* **verset 1** *?*

« *Pour des frères de demeurer ensemble !* »

Habiter, rester ! Et c'est bien là l'objectif à atteindre.
Les images ne manquent pas pour appuyer cette vérité, pilier central dans l'Ancien comme dans le Nouveau Testament.

Nous retrouvons le peuple d'Israël réuni autour du tabernacle, durant sa marche vers Canaan. Chaque tribu campant les unes près des autres.
Au temps de Néhémie, pour la réparation de la muraille de Jérusalem, où cette expression apparaît à plusieurs reprises : « *A côté d'eux travailla...* » **(Néhémie 3)** Et l'ouvrage fut terminé !

Que de chantiers inachevés dans l'Eglise de Jésus-Christ, par ce manque de coordination et de complémentarité. L'œuvre de Christ, c'est une œuvre collective : « *Demeurer ensemble* »
L'apôtre Paul en parle, comme d'un corps, où chaque membre est lié aux autres, pour se mouvoir et agir pour le Seigneur. **(1 Corinthiens 12 v 27)** *:* « *Vous êtes le corps de Christ, et vous êtes ses membres chacun pour sa part.* »
Quand le corps se traîne, sans possibilité d'action, c'est qu'il est comme infirme, amputé peut-être d'un ou de plusieurs membres.

2) *Que représente, cette huile précieuse, ainsi que cette rosée de l'Hermon ?*

Le Saint-Esprit répandu, comme au jour de la Pentecôte sur tous les fidèles réunis dans une parfaite harmonie.

La rosée de l'Esprit, pour arroser les cœurs desséchés ainsi que les âmes perdues assoiffées de vérité, de guérison et de paix.

Si en ces temps de désert spirituel, où les hommes et les femmes courent dans ce monde à la recherche du bonheur ; le peuple de Dieu s'unissait, comme un seul homme, dans l'amour, le respect de ce qu'est l'autre ! Le Seigneur répandrait encore son Esprit aujourd'hui, comme il le fit alors, et comme l'histoire de l'Eglise nous le rappelle, par ces merveilleuses périodes de réveil !

3) *« Car c'est là que l'Eternel envoie la bénédiction… »* **verset 3**

C'est là, pas ailleurs, par ce moyen de l'assemblée des fidèles, que la bénédiction se répand sur les cœurs, et cette bénédiction c'est : *« La vie, pour l'éternité. »*

Nous avons gravi quelques marches avec nos pèlerins, dans la prière, l'invocation, la louange et la foi.

Celle-ci est plus difficile à gravir, elle semble plus haute, inaccessible !

Mais il faut aller *« Plus loin et plus haut ! »*, pour vivre pleinement la présence de Dieu et ce dernier Psaume des montées.

2.15

L'arrivée des pèlerins

Psaume 134 :

« *Voici, bénissez l'Eternel, vous tous, serviteurs de l'Eternel, qui vous tenez dans la maison de l'Eternel pendant les nuits ! Elevez vos mains vers le sanctuaire, et bénissez l'Eternel ! Que l'Eternel te bénisse de Sion, lui qui a fait les cieux et la terre !* »

Quelle joie, pour les pèlerins, après toutes ces étapes, ces montées de se retrouver dans la présence de Dieu, et les uns avec les autres, pour faire monter ensemble les louanges vers lui.

Nous y voyons aussi une image de ce que sera notre rencontre avec Dieu, à la fin de notre pèlerinage ; nous le verrons et pourrons le louer avec les anges, comme nous le décrit le livre de **(l'Apocalypse 5 v 9 et 10) :** « *Et ils chantaient un cantique nouveau, en disant : Tu es digne de prendre le livre et d'en ouvrir les sceaux ; car tu as été immolé, et tu as racheté pour Dieu par ton sang des hommes de toute tribu, de toute langue, de tout peuple, et de toute nation ; tu as fait d'eux un royaume et des sacrificateurs pour notre Dieu, et ils règneront sur la terre.* »

Conclusion :

C'est toujours pour chaque enfant de Dieu, la montée vers son Dieu, la marche en avant ; et ce n'est pas le temps de s'arrêter, même si nous traversons des tempêtes.

Comme les pèlerins de nos Psaumes, marchons, luttons, et poursuivons la route afin de pouvoir dire ce que Paul écrivait à Timothée : « *J'ai combattu le bon combat, j'ai achevé la course, j'ai gardé la foi. Désormais, la couronne de justice m'est réservée...* » **(2 Timothée 4 v 7)**

Courage ! Tenons fermement, appuyés sur notre bâton de pèlerin, et que rien ne nous empêche d'aller jusqu'au bout du voyage.

« *...fatigués, mais poursuivant toujours.* » **(Juges 8 v 4**

Mais toujours : « *Plus loin et plus haut avec Dieu !* »

Le refuge

A l'abri du Très-Haut,
Je me sens protégé
Repoussant les assauts,
Par son autorité.
C'est lui qui me délivre,
De ces pièges dressés
Me permettant de vivre,
Dans la tranquillité.

Je trouve un refuge,
Quand je suis sous ses ailes
Qu'importe les déluges,
Car mon Dieu est fidèle.
La nuit et ses terreurs,
Ne peuvent m'effrayer
De qui aurai-je peur ?
Il est à mes côtés.

L'ennemi en plein jour
Voulant me terrasser,
Se heurte à cette tour,
Où je me suis caché.
De mes yeux je peux voir,
La puissance d'en haut
Et le cœur plein d'espoir,
Je m'écrie : mon héros !

Avec lui par la foi,
Je marche en vainqueur
Il est fort, il est Roi,
Je m'écrie mon Seigneur.
Toujours plus loin, plus haut !
Demeurer près de Dieu
C'est écrit, il le faut
Mes regards vers les cieux.

Table des matières

Les trois visages

Deux naissances 5
Deux combats 11
Deux destinés 15
Deux directions 18
Deux épouses 23
Deux lignées 27
Retour au pays 30
Une rencontre salutaire 35
Une rencontre redoutée 40
Attention ! Compromis ! 43
Passage obligé ! 46
Jacob face à l'épreuve 50
L'épreuve se poursuit ! 54
Prêt à partir ! 56
Vivre par et pour la bénédiction 59

L'ascension du pèlerin

Etat de détresse 64
Il reprend la marche 66
Les yeux fixés sur l'objectif 69
Un autre regard 72
Le secours vient de Dieu ! 74
Une attitude de confiance 77
Le pèlerin et les captifs 79
Dieu le maître d'œuvre 81
Le pèlerin fidèle 83
Le pèlerin opprimé 85
L'attente du pèlerin 87
Le repos du pèlerin 89
Le pèlerin et la maison de Dieu 92
Le pèlerin et ses frères ! 94
L'arrivée des pèlerins 96

Oui, je veux morebooks!

I want morebooks!

Buy your books fast and straightforward online - at one of the world's fastest growing online book stores! Environmentally sound due to Print-on-Demand technologies.

Buy your books online at

www.get-morebooks.com

Achetez vos livres en ligne, vite et bien, sur l'une des librairies en ligne les plus performantes au monde!
En protégeant nos ressources et notre environnement grâce à l'impression à la demande.

La librairie en ligne pour acheter plus vite
www.morebooks.fr

OmniScriptum Marketing DEU GmbH
Heinrich-Böcking-Str. 6-8
D - 66121 Saarbrücken
Telefax: +49 681 93 81 567-9

info@omniscriptum.com
www.omniscriptum.com

www.ingramcontent.com/pod-product-compliance
Lightning Source LLC
Chambersburg PA
CBHW031636160426
43196CB00006B/437